인구학입문

LA DEMOGRAPHIE

by Jean-Claude Chesnais

인구학입문

장·클로드 세네 지음

박은태·전광희 옮김

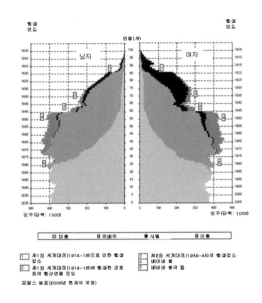

플랑스 본토(2006년 현재의 국경)

- 1 제1차 세계대전(1914-18)으로 인한 출생감소
- 2 제1차 세계대전(1914-18)에 출생한 코호트의 출산연령 진입
- 3 제2차 세계대전(1939-45)의 출생감소
- 4 베이비 붐
- 5 베이비 붐의 끝

목   차

서론 인구학이란 무엇인가?
양적 방법과 인문학
생명윤리와 인간의 삶의 질

제1장 인구학과 자료
1. 정태통계: 센서스와 인구표본조사
2. 동태통계: 호적 및 인구등록
3. 경제발전과 자료의 질
4. 간접측정의 발전
5. 간단한 용어설명

제2장 인구학의 개념 및 수단
1. 기본방정식
2. 연령피라미드
3. 출생률, 출산율/총재생산율과 순재생산율
4. 조사망률과 영아사망률/생명표와 기대수명
5. 인구이동
6. 종단분석과 횡단분석

제3장 통계적 법칙과 규칙성
1. 생물학적 법칙: 약한 성, 강한 연령 그리고 쌍생아
a. 성: 남아의 초과출산 및 남성의 초과사망
b. 연령과 활동력
c. 다태아 또는 쌍둥이 출산
2. 역사적 법칙: 인구변천

3. 통계적 법칙: 성인인구의 대체적인 불변성
4. 사회적 규칙성
a. 빈곤층의 초과사망
b. 부국의 저출산

제4장 인구변천
1. 원리의 보편성, 형태의 다양성
2. 인구변천승수
3. 연령승수
4. 국제인구이동의 변천

제5장 인구의 근대화와 그 요소
1. 사망률의 저하/정치조직/기술적 발전과 의학적 발견/경제성장, 영양공급 그리고 교육/오래되고 잘 알려지지 않은 이야기
2. 출산율 감소와 가족계획/앞서가는 프랑스, 뒤쳐진 아프리카
3. 제어와 제어완화: 자폐증 증세를 보이는 사회
제6장 인구혁명의 결과
1. 이론: 정체론과 신맬서스주의/정체론/신맬서스주의/인구폭발의 대가
2. 사건들: 제3세계의 복수
3. 가능한 해석들/인구과밀화와 그 혜택
4. 인구고령화와 공공재정/공공지출에 대한 압력
5. 생애주기, 출산과 생산
6. 예측형 고용관리

제7장 인구전망
1. 인구모멘텀
2. 장래인구추계의 원칙
3. 대륙별 최근 인구전망의 결과
4. 변천이후 사회의 미래/퇴직의 장래 혹은 조절폭/필연적
인 국제인구이동

제8장 인구정책
1. 국가개입의 정당성
2. 출산장려정책/1940년대와 1950년대 프랑스/동독/자르/스
웨덴/우선순위 논쟁
3. 출산장려정책과 이민정책의 결합
4. 이민정책의 성공조건

결론

참고문헌

개정번역판 서문

프랑스의 저명한 인구학자 장클로드 세스네(Jean-Claude Chesanis)의 책을 번역하여 발간한지 10년이 되었고, 이제 다시 개정번역판을 출간하게 되었다. 우리나라에서 2013년에 27차 IUSSP 세계인구총회(International Population Conference)를 개최하여 인구현상과 인구문제에 대한 연구와 인식이 한층 진전되었고, 요즘 언론정보매체에서는 저출산·고령화 문제를 한국의 미래를 결정하는 긴급한 당면과제로 설정하고 있다.

우리 사회는 저출산·고령화 문제로 인구보너스(demographic bonus)로 상징되는 성장 동력을 상당부분 상실하고 있다. 한마디로, 걱정스럽다고 해야 하겠다. 한국의 합계출산율(15-49세 가임여성 한 명이 낳는 평균 출생아수)은 2015년 1.24명으로 OECD 회원국 중 사실상 최저 수준을 기록하고 있다. 1965년 5.2명의 고출산에서 1983년 대체출산율 2.06명을 기록한 이후 저출산 시대로 진입하였다. 통계청의 2016년 장래추계인구에 의하면 핵심적 경제활동인구(25세에서 49세)는 2015년 1979만 명에서 향후 2115년엔 1100만 명으로 축소되고, 노인인구(65세 이상)는 현재 13%에서 42%로 증가하여 국가경제가 파탄의 상태에 직면할 것으로 예상되고 있다.

국제통화기금(IMF)은 한국의 생산연령인구가 2020년부터 감소 추세로 전환하여 잠재성장률이 하락하고, 출산율과 여성의 고용률을 향상시키지 못하면 한국경제의 전망은 더욱 더 우울해 질 것이라고 경고했다.

우리경제는 1962년 제1차 경제개발5개년계획을 시작으로 전통적인 농경사회에서 산업국가로 발전하는 과정에서 대가족 중심의 가족형태가 핵가족으로 변하게 되었다. 이때, 정부는 경제발전을 촉진하기 위해 경제개발과 가족계획을 동시에 추진, 고출산에서 저출산으로 전환되는 계기가 되었다.

프랑스는 고령화사회(노인비율 7%이상)에서 고령사회(노인비율 14%이상)로 진입하는 데 115년이 걸렸다. 그러나 한국은 고령화의 진전이 불과 18년 만에 고령사회로 전환되었고, 2026년에는 초고령 사회(노인비율 20%이상)에 진입될 것으로 예상된다. 만약 그렇게 된다면 우리는 노인국가의 사회정책 어려움에 제대로 대비할 수 있는 여유가 없게 되어, 해리 덴트(Harry Dent)의 말대로 인구절벽(demographic cliff)에 직면하게 될 것이다.

프랑스 역시 장기간 저출산으로 인한 국가안보와 경제성장 둔화로 시련을 경험하였다. 그래서 정부가 국가경쟁력을 향상시키기 위해 과감한 이민정책을 실시했지만 이것은 근본적인 대책이 되지 못했고 결국 강력한 출산장려정책을 추진하게 되었다. 출산이 단순히 가족의 문제가 아닌 공공의 자산(Public Goods)이라고 인식하고, 출산, 보육, 교육 등 종합적인 정책을 장기간 지속적으로 시행하여 대체출산율 2.0명을 달성하는데 성공했다.

일본의 국립사회보장 인구문제연구소는 현재 1억2천6백만 명의 일본 인구가 2060년대 8천8백만 명, 2110년에 4286만 명으로 감소할 것으로 예상하고 있다. 또한 2005년부터는 인구감소가 현실화되고 있어서 패시미즘(비관론)이 증대되고 있다. 또한 고령인구의 증대로 장수(長壽)국가로 등장하여 1890년 메이지(明治)시대의 4130만 명으로 회귀하는 군소국가로 추락할 수 있다는 위기의식을 가지고 있다. 따라서 아베 수상의 현 정권은 인구 1억 명 유지를 위한 정책을 표방하면서, 국민 총 활약을 담당하는 장관을 임명하는 등 인구문제의 해결에 총력을 집중하고 있다.

한국은 제1차 저출산 • 고령화 5개년 기본계획(2006-2010)을 수립한 이후 40조 3천억 원을 투입하고 제2차 계획(2011-2015)에서 70조 8천억 원을 투입했다. 하지만 2006년 합계출산율 1.13명에서 2015년 합계출산율 1.24명으로 불과 0.11명의 상승에 그쳤고, 제3차 계획(2016-2020)의 첫해인 2016년 상반기 합계출산율은 1.16명으로 오히려 퇴보하는 이상한 기록을 남겼다.

　따라서 우리나라는 저출산•고령화 문제의 부정적 영향을 해소하기 위한 최적의 정책과 그 수단을 마련해야 하는 시점에 와 있다. 인구절벽에 직면한 한국은 인구정책을 체계적으로 추진할 수 있는 독립기구로 설치하고, 저출산•고령화 문제가 가져오는 부작용을 극소화하는데 특단의 조치를 취해야한다. 특히 초저출산 문제를 극복하기 위한 대응정책을 정부주도만의 정책이 아니라 이를 민관혼합정책(Mixed policy)으로 승화시켜서 기업, 사회단체, 국민과 정부의 4대 인구 주체(agents)가 공동으로 컨소시움(consortium)을 만들어 능동적으로 대처하지 않으면 안 될 것이다.

　이 책의 원본을 다시 한번 읽고 오류나 난해한 부분을 수정한 사람으로서, 이제 국가적 핫이슈로 대두한 인구문제를 다루는 인구학이 실제적인 국가정책을 타개하는 정책개발의 진정한 토대가 되었으면 한다. 이 번역서는 원본이 2003년에 처음 출판되고, 2010년에 수정을 거쳐서 출간된 것이지만, 이 책에 포함된 통계자료는 2000년을 기준으로 작성된 것이 많다. 물론, 이것이 번역서를 읽는 많은 사람들에게 약간의 실망을 가져다 줄 것이기는 하지만, 통계자료가 약간 오래 되었다고 하더라도 원래의 저서에 포함된 내용의 참신성은 이 책을 읽는 많은 독자들의 마음에 새로운 감동을 주기에 충분할 것이라고 생각한다.

　이 책의 개정번역판이 인구현상과 인구문제를 체계적으로 공부하는 사회과학도와 인구문제의 심각성에 대한 해결책을 찾기 위하여 분주한 우리나라의 모든 정책담당자들에게 새로운 인구학적 상상력(demographic imagination)을 선사해 줄 것을 다시 한번 기대한다.

2017년 2월 20일 역자

서론 인구학이란 무엇인가

'인구학'(人口學, *le démographie*)이라는 용어는 1855년 A. 기야르(Achille Guillard, 1799~1876)가 처음으로 사용하였다1). 그의 말에 의하면, 인구학은 **"인류의 자연적, 사회적 인 역사"**(*l'histoire naturelle et sociale de l'espèce humaine*)이다. 인구학은 정치산술(政治算術, *l'arithmétique politique*)의 위대한 전통을 오랫동안 간직하는 역할을 하였으며, 인구학이 제공하는 관점은 공권력의 정책집행을 위한 필수적인 나침반이 된다. 그러나 모든 자료 중 가장 구체적이면서도 근본적인 자료, 즉 인간의 삶과 죽음을 핵심적 연구대상으로 하는 인구학을 사람의 숫자나 헤아리는 회계학 수준으로 위축시킨다면, 그것은 이 학문에 너무나 추상적이고, 심지어는 협소한 특성을 부여하는 것이라고 할 수 있다.

---

1) 이에 대하여 란드리(Landry)는 '인구학'이라 부를 수 있는 분야에서 널리 인정되는 최초의 저서로서, 1662년 영국의 존 그런트(John Graunt)가 「사망력 표에 대한 자연적·정치적 관찰」(Natural and Political Observations Mentioned in a Following Index, and Made Upon the Bills of Mortality)을 들고 있다.

ACHILLE GUILLARD

*ÉLÉMENTS
DE STATISTIQUE HUMAINE
OU DÉMOGRAPHIE COMPARÉE*
(1855)

A. 기야르의 저서 **Éléments de
statistique humaine ou
démographie comparée**

Édition en *fac-similé* présentée par
Jean-Marc Rohrbasser et Jacques Véron

양적 방법과 인문학

인구학은 **순수인구학**(純粹人口學, *la démographie pure*) 또
는 인구분석(analyse démographique)과 **인구연구***(la
démographie large*)라는 두 가지 차원으로 구분할 수 있
다. 전자는 기술적인 접근으로서 통계를 인구현상에 적용하
는 것이다. 이 방법의 목적은 인구현상을 기록하고 측정하
는 것이며 그 현상의 내용이나 결과를 파악하려는 것은 아
니다. 후자인 인구연구는 전자의 차원을 넘어선다. 이것의
연구방식은 연구대상이 되는 현상을 발생시킬 가능성이 있
는 원인, 그 현상의 가능한 결과 그리고 바람직한 인구정책
등에 초점을 맞춘다.

유엔(UNSD)의 『다국어인구학용어사전』*(le dictionannaire
demographique multilingue*)이 제공하는 인구학에 대한 비

교적 완벽한 정의는 다음과 같다. 인구학이란 **"인구연구를 목적으로, 주로 수량적 관점에서 연구되는 인구의 규모, 구조, 변동 그리고 일반적인 특성을 다루는 학문"** (une science ayant pour objet l'étude des populations humaines, et traitant de leur dimension, de leur structure2, de leur évolution et de leurs caractères généraux envisagés principalement d'un point de vue quantitatif)이다.

생명윤리와 인간의 삶의 질

인구학이 양적 방법론을 선택하여, 그러한 성향이 이제 점점 극단적 형태로 나아가고 있기는 하지만, 순수인구학과 인구연구는 결코 배타적 성향을 띄지는 않는다. 인간의 삶의 질(교육, 보건)에 대한 관심은 끊임없이 지속되고 있다. 근대적 피임법의 보급으로 인해 부부들은 자녀수를 제한할 수 있게 되었다. 생명공학의 발전으로 부부들은 이제 자녀수를 제한할 수 있을 뿐만 아니라 자녀들의 개인적 특성 (성별, 신장 등)에 대해서도 결정의 범위가 점점 넓어지거나 혹은 적어도 원하지 않는 것으로 여겨지는 특성이 나타나지 않게 할 수 있게 되면서, 심리적 강박관념을 줄일 수 있게 되었다. 곧 우생학적 사회로 성큼 다가가고 있는 것이다.

이 책의 목적은 인구학의 주요 특성들(수단 및 기본 법칙)

을 검토하고, 인구 자체가 야기하는 굵직한 쟁점들을 소개하는 것이다. 예를 들어, 혼인부부들이 직장생활과 가족생활을 양립하는 문제, 사회보장제도의 재원조달 문제, 인건비 상승문제 그리고 출산율이 낮은 국가에서의 기업의 해외이전 문제 등이 논의의 주제가 될 수 있을 것이다.

제1장

인구학과 자료

인구학도 다른 사회과학과 마찬가지로, 인간사회에 대한 기본적인 정보를 필요로 한다. 이러한 기본정보의 축적은 국가에 따라 다소 차이가 난다. 유럽 등 일부 국가는 몇 세기에 걸친 양질의 자료가 풍부하다. 그러나 아프리카와 같은 다른 국가들은 센서스를 몇 차례 밖에 실시하지 않았고, 그 품질도 조잡하다. 통계시스템의 역사가 오래되고, 자료획득을 위한 현장실사를 규칙적으로 진행하여, 수집된 정보가 객관성을 지닌 경우, 응답이 구체성과 획득한 결과의 확실성을 보장할 수 있다.

인구학의 기본적 자료는 그 출처가 다음 네 가지로 구분된다.
1. 인구센서스
2. 동태통계(민사등록)
3. 인구표본조사
4. 주민등록부

센서스와 **인구표본조사**는 특정 시점의 인구에 대한 기술, 즉 사진첩과 같다. 이들 조사는 인구의 **'정태통계'**(*le statistique d'état*)에 해당한다. **민사등록**과 **주민등록부**는 특정 인구에 발생하는 변화에 대한 정보를 제공한다. 따라서 소위 말하는 인구의 **'동태통계'**(le statistique de mouvement)를 제공한다. 이들 자료는 상호보완적이다. 센서스는 광범위하고 다른 조사에서 볼 수 없는 예외적인

Note 1-1: 인구정태와 인구동태

인구정태(人口靜態, *l'etat de la population*)는 특정의 시점에서 관찰한 인구의 상태를 말하고, 인구동태(人口動態, *le mouvement de la population*)는 어떤 정해진 기간에 대하여 관찰한 인구변동요인의 변화를 의미한다. 이러한 정의를 기준으로, 인구학의 정태와 동태의 차이를 경제학의 스톡(貯量, le stock)와 플로우(流量, le flux)의 차이와 비교할 수 있다. 자본이 플로우로 흘러 들어와서 축적됨으로써 그것이 스톡이라 불리는 고정자본이 형성되고, 마침내 그 고정자본이 플로우로서 소모되기에 이른다. 이와 마찬가지로, 출생·전입이라는 일정 기간의 인구동태에 의하여 인구가 성장하고, 사망·전출에 의한 일정 기간의 인구동태에 의하여 인구가 감소한다. 또 그 때 그 때의 인구규모는 정태적 개념으로서 일정 시점에서 파악된다.

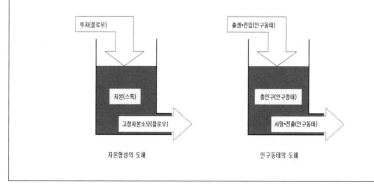

자본형성의 도해   인구동태의 도해

특징들을 갖기 때문에, 주어진 영토에 거주하는 주민들의 특성에 대한 가장 상세한 정보를 얻을 수 있는, 최고의 완전성을 목표로 하는 프로젝트다. 따라서 센서스는 공권력, 특히 중앙정부와 지방정부, 나아가 민간기업의 계획추진에 필수불가결한 준거기준이 된다. 또한 센서스는 표본인구조사를 실시할 때 모집단을 대표하는 표본을 선정하는데 필요한 통계학적 기반을 제공해 준다.

1. 인구정태통계: 센서스와 인구표본조사

센서스는 "**특정 인구의 인구학적, 경제적, 사회적, 문화적인 주요 특성에 대하여 인구수를 누락하지 않고 포괄적으로 집계하는 것**"을 최종 목표로 하기 때문에, 인구학에서 특수한 지위를 향유하는 조사수단이다. 우리는 센서스를 통하여, 인구의 총수와 구조를 파악할 수 있다.

프랑스에서 센서스는 1801년부터 1946년까지 전시를 제외하고 1801년, 1806년, 1811년…, 1946년' 이런 식으로 5년을 주기로 하여 실시되었다. 전쟁 이후 센서스의 **주기성**(週期性, la périodicité)은 불규칙인 것이 되어서, 5년에서 6년, 7년, 8년 혹은 9년까지 늘어나게 되었다. 따라서 1954년, 1962년, 1968년, 1975년, 1982년, 1990년, 1999년에 센서스가 실시되었다.

센서스는 체계적인 특성으로 인해 한정적인 주제만을 포함할 수밖에 없다. 따라서 비교적 상세한 정보를 획득하고자 하는 특정 주제에 대해 이러한 문제점을 보완하기 위해서는 인구표본조사를 이용하게 된다. 인구표본조사는 센서스보다 더 구체적인 목적을 달성하기 위하여 실시한다. 예를 들어 동거, 성행위 혹은 인종주의에 대한 조사가 이러한 인구표본조사에 해당한다.

Note 1-2: 프랑스의 순환센서스

프랑스 통계청, 공식적으로 국립통계경제연구소(INSEE, *L'institut national de la statistique et des études économiques*)는 1801년부터 5년 또는 10년을 주기로 실시되어 오던 전통적인 1회성 센서스를 2004년부터 중단하고, 5년 주기로 자료를 연속적이고 누적적으로 수집하는 순환센서스(lw recensement rénové, rolling census)를 실시하기로 하였다. 이 방법은 종전의 센서스와 같이 전국은 물론 소지역에 대한 자료를 매년 제공해 주고 있다. 순환센서스는 상세한 자료에 대한 수요의 증대에 대응하고, 센서스 실시에 수반되는 국가예산을 절감하기 위하여 구상되었다. 새로운 센서스는 소지역에 대한 지리정보시스템의 활용, 표본추출방법, 지방자치단체의 행정협력 등의 다양한 요인에 의하여 성패가 좌우된다. 순환센서스가 2004년부터 실시되고, 5년 주기의 순환을 종료한 시점인 2010년과 2015년에, 프랑스 통계청은 그 결과를 발표하였다. 순환센서스에 대한 평가는 상당히 긍정적인 것으로 나타나고 있지만, 방법론상으로 개선의 여지도 충분히 있는 것으로 알려져 있다.

---

2. 인구동태통계: 민사등록과 주민등록부

출생 · 결혼 · 이혼 · 사망 등 생애의 중요한 사건들은 호적에 기록되게 된다. 호적제도는 성사(聖事, *les sacraments*)를 존중하기 위해 실시되었다. 빌레 코테레(*Villers-Cotterêts*)(1539)의 칙령에서 프랑수아 1세(*François I*ᵉ)는 소교구를 대상으로 세례와 장례를 기록하는 대장(臺帳, *le* *registre*)을 작성할 것을 명령하였다. 17~18세기 앙시앵 레짐(*Ancien Régime*)의 교구대장(敎區臺帳, *le registre paroissiaux*)은 대혁명 이후 1792년부터, 시청에 의하여 민사등록(民事登錄, *le registre d'état civil*: 이것은 동태통계 명부를 말함)으로 대체되었다.

선진국에서는 보통, 출생과 사망의 신고는 **'법적 의무'**(*l'obligation légale*)에 해당한다. 출생 및 사망신고는 오래 전부터 실시되어 왔으며, 양질의 정보를 제공한다. 통계 영역에서 오랜 역사를 자랑하는 서유럽이나 중부유럽의 국가들에서는 호적자료가 완벽하다고 할 수 있다. 개발도상국에서는 출생, 결혼, 사망의 신고가 불완전하고 심지어는 아예 신고에서 누락되기도 한다, 이 때문에. 센서스 자체도 누락의 여지가 있기는 하지만, 센서스에 집계된 젊은 자녀의 수가 해당 연도에 동태통계에 신고된 출생아 수보다 많은 것으로 나타난다.

동거(同居, unions libres)의 통계적 관찰에는 여러 가지 해석이 가능하다. 만약 동거부부가 혼인신고를 하는데 있어서 아무런 문제가 없다면 동거부부의 수는 제대로 집계되지 않을 것이다. 반면 프랑스에서 동거는 현격히 증가하는 추세에 있으며, 이 때문에 동거에 대한 구체적인 인구표본조사가 필요하다.

이혼통계와 관련하여 설명하자면 이혼통계는 국가마다 법과 이혼절차의 기능에 따라 차이가 난다.

주민등록은 이상적인 관찰시스템이다. 왜냐하면 주민등록은 영구적으로 인구의 동태를 추적하는데 도움이 되기 때문이다. 주민등록은 **'육체를 가진 자연인들의 일반적인 목록'**(*un répertoire général des persoones physique*s)에 해당한다. 행정적 수단을 통하여 이 목록은 연차별로 수집되며, 센서스에서 집계된 인구수는 매년 자연증가와 인구이동의 인구동태에 관한 수치를 바탕으로 외삽연장(外揷延長, *l'extrapolation*)된다. 주민등록에 대해서는 시청에서 시민들이 주소변경을 신고하도록 되었다. 그러나 이러한 제도는 선진화된 시민정신을 필요로 하기 때문에, 스웨덴, 덴마크, 핀란드, 노르웨이 등 북유럽 국가들과 벨기에, 네덜란드, 스위스 등 일부 국가에 밖에 존재하지 않으며, 더욱이 이러한 제도가 존재하는 국가에서 조차도 그 제도가 전혀 완벽하게 시행되지 않고 있다. 집단정신이 상당히 투철한 국가에서 이러한 제도에 대한 신뢰도는 높으며, 이 때문에 이 제도는 인구이동, 특히 해외이민과 같은 민감한 문제를 구체적으로 해명하는데 도움을 준다. 기초자치단체인 읍(*commune*)에서 법률상의 주소를 선정하는 모든 사람들은 해당 읍의 인구등록에 등재되게 되고, 이사하면서 읍을 떠나는 모든 사람들은 해당 읍의 주민등록에서 제명되게 된다.

'이러한 주민등록이 없을 경우, 인구이동'은 그 성격상 자연증가(출생과 사망)에 비해 관찰하기가 더욱 어려우며, 인구이동은 '불완전하고 대략적인 수치 밖에는 측정할 수가 없다.' 인구이동은 센서스의 경우에는 스톡(貯量, *le stock*)로서 파악되며, 국경을 넘을 때 작성하는 출입국문서나 구역 경찰당국에 하는 등록신고 등을 통해서, 주어진 특정 기간의 플로우(流量. *le flux*)처럼 취급되기도 한다. 이민국에 등록된 입국 이민자의 흐름과 출발지에 등록된 출국 이민자의 흐름 사이에는 불일치는 항상 있는 일이며, 이러한 현상은 19세기에 대서양을 건너는 이민의 경우 관찰된 바 있다. 경험에 의하면 이민국 측의 통계수치가 신뢰성 면에서 우위에 있다.

3. 경제발전과 자료의 질

인구통계 자료의 질은 경제발전의 정도에 따라 달라지지만, 국가 간 격차는 상당하다. 선진국에서 자료의 질이 오랫동안 완벽에 가까운 반면 후진국에서 그 품질은 떨어진다. 신뢰할 만한 자료를 보유한 국가와 통계수치가 불완전한 국가를 구분하는 기준은 소위 말해서 선진국과 후진국을 나누는 기준과 거의 비슷하다. 제3세계 국가의 통계정보의 품질은 지난 수십 년에 걸쳐 센서스와 인구표본조사 덕분에 개선되어 왔다.

사실 완전한 센서스는 존재하지 않는다. **집계누락**(*l'ommission*)나 **이중집계**(*le double compte*) 등 오류가 있을 수 있으며 '기간'이라는 개념이 상당히 모호한 국가에서는 특히 연령에 대한 조사보고가 완전하지 못하다. 구체제 유럽이나 현재의 개발도상국가와 같이 전통적인 인구구조를 지닌 국가가 여기 해당한다. 따라서 이 국가들에서는 연령분포자료에 있어서 왜곡이 심할 수 있다. 그 이유는 응답자들이 연령을 0이나 5로 끝나게 반올림해버리기 때문이다. 이 때문에 여러 가지 기법을 동원하여 **연령보고의 오류**를 수정하는 작업을 진행하고 있다.

선진국들 중에는 **'통계적 관찰시스템의 질'** (*la qualité du systéme d'observation statististique*)에 대한 위협요인이 중대한 문제로 부각되고 있다. 즉, 컴퓨터 과학이 발달하고 정보를 저장하는 기능이 향상됨에 따라 공권력이 개개인을 감시하기 위하여 센서스 실시과정에서 축적된 자료를 이용할지도 모른다는 두려움이 여론에 표출되며 국가가 경찰국가(警察國家)가 되어간다는 우려가 유발되는 것이다. 이로 인해 센서스에 대한 이미지가 변질되고 국민 중 상당수가 센서스 현장실사에서 응답의무에 대하여 의문을 제기하게 된다. **'사적'이라고 여겨지는 영역**(*la sphère perçe comme privée*)이 확장되고, 제도에 대한 반발이 생겨나면서 독일, 네덜란드 등 전통적으로 통계품질의 우수성을 자랑해온 상당수의 국가에서도 전통적 방법으로 센서스를 실시하는데 있어서 큰 어려움에 직면하게 되었다. 다수의 서구 국가에서 우려되는 사항은 **센서스에 대한 적대감**과 **응답거부**로 인하여 센서스의 현장실사가 점점 더 난관에 직면하고 있다는 점, 그리고 결과적으로 통계자료의 품질이 저하된다는 점이다.

개인정보의 남용 가능성(*les abus possibles de l'utilisation des fichiers*)은 익히 알려져 있다. 그러나 자료 생산에 지침이 되는 익명성 및 비밀유지 등의 규정은 별로 알려지지 않았으며 이들 자료의 집단적인 사용에 대해서도 잘 모르는 경우가 많다. 학교, 병원, 도로, 상가, 사회, 문화적 시설, 은행, 원거리 통신의 설립 등의 다양한 서비스에 대한 기본적인 필요사항을 충족시키려면 인구현상에 대한 자세하고도 정확한 정보가 구축되어야 한다. 이런 맥락에서 볼 때, 에이즈, 암 심혈관질환(心血管疾患, *la maladie cardio-vasculaire*) 등 치명적인 질병을 퇴치하는 것은 **역학**(疫學, *l'épidémiologie,* 곧 질병의 발생 원인을 연구하는 학문)에 대한 지식의 개선 없이는 불가능하다. 즉, 유전자 코드 등 인간의 유전적 요인과 영양섭취, **섹슈얼리티**(*la sexualité*), 삶의 방식 등 인간의 행동을 기준으로 전체인구를 여러 가지 부류로 분류하여 질병이 발생할 수 있는 여러 가지 위험요소를 구체적으로 밝혀내야만 질병퇴치에 성공할 수 있는 것이다. 여기서 관건이 되는 것은 바로 '사회계약의 문제'(*la question du contrat social*)이다.

4. 간접측정의 발전

제3세계의 자료는 오랫동안, 그 지역의 인구 상황에 대한 신뢰할 만한 정보를 제공하기에는 질이 현격히 떨어지는 것으로 취급되어 왔다. 그러나 방법론적인 시스템이 불완전한 정보 중에서 정확한 정보만 추출하는 방식을 이용하는 인구분석기법의 발달로 인해 이러한 견해는 상당부분 수정되었다. 이러한 새로운 기법은 상당 수준 개선되었으며, 이제 이러한 기법은 인구분석에 있어서 독자적인 분야를 구성하게 되었다. 이러한 발전을 이루는데 특히 공헌한 학자는 W. 브래스(W. Brass)[2]다. 이러한 기법의 사용의 기본이

---

2) W. Brass, *Methods for Estimating Fertility and Mortality from Limited and Defective Data*, Chapel Hill, Laboratories for Population Statistics, 1975.

되는 것은 **특정 인구의 상이한 파라미터**(*les différents paramèters d'une population*)를 연결시키는 일관성이다. 예를 들어, 특정 연령피라미드와 양립 가능한 특정한 출산력과 사망력의 수준과 추이가 존재한다는 것이다. 이러한 기법은 안정인구(安定人口), 반(半) 정도의 안정인구, 거의 완전한 안정인구 등의 **수리적 인구모형**(*le modèle mathématique de la population*)을 사용하든지 이미 연구된 인구에 대해서 사용 가능한 정보를 통하여 일부의 측정방법이나 조정방법을 적용하는 데 있다.

로트카(**Alfred Lotka**)가 1907년에 제안한 '**안정인구이론**'[3] (安定人口理論, *la théorie des populations stables*)은 1960년경에 이르러서야 실제로 적용되게 되었다. 이 이론은 기술적 발전이 미미한 전통사회의 인구에만 적용 가능하다. 왜냐하면 이 이론은 일정한 출산율과 '사망률'이라는 강한 가설에 기반을 두기 때문이다. 현존하는 실제인구에 대해 연구하기 위해서는 현재의 인구현실에 보다 근접하는 모형을 사용하는 것이 좋다. 그 예가 반 정도의 안정인구의 모형, 즉, 시간에 지나도 변하지 않는 연령분포이다. 이보다 나은 모형으로는 거의 완전한 안정인구의 모형을 들 수 있는데, 이는 출산율이 변하지 않고, 사망률이 낮은 속도로 감소하는 모형을 말한다. 이러한 모형은 지난 수십 년간 다

---

3) A. J. Lotka, Studies on the mode of growth of material aggregates, The American Journal of Science, Septembre, 1907.

Note 1-4: 안정인구이론

안정인구론은 미국의 인구학자 알프레드 로트카(Alfred Lotka)가 제안한 이론으로서, 모든 연령에서 인구이동이 없는 폐쇄인구(closed population)에서, 특정 시점부터 연령별 사망률과 연령별 출산율이 일정불변이라는 가정("안정인구의 가정")을 세우면, 인구성장률은 일정불변의 수치에 수렴하게 되고, 그 인구에서 특정 연령의 인구가 차지하는 인구의 비율("연령별 구조계수")도 수렴하게 된다. 또 이같이 수렴한 연령별 인구구조는 처음의 연령별 인구구조와는 달리, 연령별 사망률과 연령별 출산율에 의해서만 결정된다. 모든 연령에서 인구이동이 일어나지 않는 폐쇄인구에서 연령별 사망률과 연령별 출산율이 일정불변의 상태로 유지되어 오랜 시간을 경과하게 되면, 자연성장률도 일정불변이 되며, 연령별 인구구조도 일정불변으로 안정적으로 수렴하게 된다는 것이다. 이런 안정인구 상태의 출생률, 사망률, 자연성장률을 본원출생률, 본원사망률, 본원성장률(또는 본원증가율)이라고 부른다.

수의 개발도상국에서 볼 수 있었다. 여기서 원칙이 되는 것은 연구하고자 하는 인구에 가장 적합한 이론적 모형을 설정해서 방정식 구조로 정의된 이 모형의 대수학적 특질을 적용하는 것이다. 이 분야에 있어서 가장 현격한 발전은 J. 부르주아 피샤 *(J. Bourgeois-Pichat)*[4]에 의하여 이루어졌다고 할 수 있다.

간접추정법(間接推定法, *la méthode d'estimation indirecte*) 중에서 가장 오래 되고, 가장 다양한 분야는 사망률의 측정에서 찾아볼 수 있다[5]. **모형생명표** (模型生命表, *la table type)*가 1950년부터 처음으로 작성되기 시작하였다. 이러한

---

4) J. Bourgeois-Pichat, *Populations stables, semi-stables et quasi stables,* Paris, Groupe de démographie africaine, Etudes et documents, n° 1, 1979.
5) 인구학에서 연구대상이 되는 인구에 대하여 직접 출생, 사망, 이동에 대한 지표를 계산할 수 없는 경우에, 제3의 인구와 연구대상이 되는 인구 간에 존재하는 특징들의 유사성을 이용하여, 간접적으로 해당 지표를 계산하는 경우가 있다.

모형생명표의 작성에 있어서 기본이 되었던 것은 다양한 연령대에 있어서의 사망확률이다. 따라서 모형생명표의 모든 요소를 재구성하기 위해서는 특정 연령대에서 사망을 초래할 수 있는 위험요소에 대한 신뢰할 만한 정보가 있어야 한다.

출산율의 측정방법은 다양하다. 출산율을 측정하기 위해서는 수리적 인구모형만 사용하는 것은 아니라 센서스 자료뿐만 아니라 여성들의 자녀수에 대한 조사결과도 사용한다. 이러한 조사결과는 자녀의 출생순위, 자녀의 연령, 어머니의 결혼기간 등으로 세분될 수도 있고 그렇지 않을 수도 있다. 자료를 출산율에 맞출 때는 출산율과 여성의 평균자녀수를 비교하기 위해 브라스 방법론(*les méthodes de Brass*)을 이용할 수 있다.

지난 수십 년에 걸쳐 개발도상국의 인구학적 정보는 꾸준히 개선되어 왔는데, 이는 대규모의 국제적 조사 때문이다. 예를 들어, 1974년에서 1981년까지 **세계출산력조사**(WFS, *World Fertility Survey*)가 있었고, 1984년 이후에는 **인구보건조사**(DHS, *Demographic and Health Surveys*)가 있었다. 결국 인구의 연령구성에 대한 자료 자체는 여러 가지 방법으로 수정될 수 있는데, 그 대표적인 방법으로는 **평활화**(平滑化, **lissage**, 영어로는 **smoothing**이라고 함)[6]를 들 수 있

---

6) 전체 추정방법을 보려면 특히 유엔 자료를 참고하여야 할 것이다. Manuel X; *Indirect techniques for demographic estimation*, Population Studies, n° 81, New York, 1983.

다.

Note 1-5: 모형생명표

1950년대 유엔은 후진국의 인구통계를 정비하기 위하여 최초의 모형생명표를 작성하였다. 이것은 당시 접근 가능한 남녀별 생명표 158개에 나타난 연령 스케줄의 규칙성을 평균화하여, 모형생명표를 작성하는 것이었다. 곧 생명표의 각 연령계급의 사망확률을 하나 앞의 연령계급의 사망확률의 2차식으로 표시하고, 원하는 실제 생명표에서 회귀방정식을 추정하여 그 파라미터를 구하였다. 연령간의 사망확률을 이처럼 함수로 표현하여 그 규칙성을 표시하고, 다양한 사망수준에 대응하는 평균적 생명표를 작성하였다. 유엔 모형은 사망 수준만을 자유 파라메타로 하였기 때문에, 쉽게 사용할 수 있는 장점이 있기는 하였지만, 실측치를 적합화하는 데 유연성이 없었다. 또 자료의 신뢰성, 채택된 회귀방정식 추정기법 등이 문제점으로 지적되고, 차세대의 모형생명표가 등장하면서 유엔 모형생명표는 그 수명을 다하였다.

콜(Ansley Coale)과 디메인(Paul Demeny)은 유엔의 모형생명표를 검토하고, 19세기 이후 구미 선진국에서 신뢰성이 높은 남녀별 생명표 192개를 선정하여, 새로운 모형생명표를 작성하였다. 그들은 10세 때의 평균여명에 각 연령의 사망확률(또는 그것의 로그값)을 회귀하여 각 연령간의 사망경향을 표시하고, 그것을 기준으로 여자 기대수명 20세부터 77.5세까지(1983년 개정판에서는 80세까지) 2.5세씩의 사망수준에 대응하는 남녀연령 5세 계급의 표준생명표를 작성하였다. 다만 연령 스케줄의 미묘한 차이를 반영하기 위하여, 모형생명표를 서부, 북부, 남부, 동부 등 4개 지역으로 구분하였다. 지역 명칭은 원래의 생명표가 속해 있던 유럽지역을 의미한다. 따라서 이러한 지역구분은 각 지역에 특이한 사인구조를 반영하는 것이라고 할 수 있다. 서부는 유럽 이외의 지역도 포함하여 일반성이 큰 유형으로 간주되고 있다.

콜-디메인의 모형생명표는 오늘날도 사용되고 있지만, 그것이 선진국의 자료를 근간으로 작성된 것이기 때문에, 개발도상국과 같이 생명표가 절대적으로 필요한 지역에 아무런 수정 없이 그대로 적용하는 것은 모순이라고 할 수 있다. 이러한 문제점을 염두에 두고, 국제연합은 1982년에 개발도상지역 22개국의 72개 생명표를 바탕으로 주성분 분석을 사용하여 새로운 모형생명표를 작성하였다. 이것도 콜-디메인 모형생명표처럼, 남미, 아프리카, 아시아 등의 형태로 나누어 모형생명표를 제공하였으며, 해당 개발도상지역에 있어서 인구지표의 추정에 공헌하였다.

---

5. 간단한 용어설명

연령(年齡, âge): 출생 이후의 기간을 말한다. **정확한 연령**

(*l'âge exact*)은 그 기간에 대한 구체적인 수치를 제공한다. 따라서 1975년 10월 1일에 태어난 사람은 2005년 12월 1일에는 30년 2개월 (더 구체적으로 말하자면 30년 61일)을 산 것이다. 지나간 해의 나이란 바로 전 생일의 나이를 말한다. 따라서 이 경우는 30세가 된다. 특정인구의 **중위연령**(*l'âge médian*)이란 인구의 연령대를 젊은 그룹과 그렇지 않은 그룹으로 정확히 반으로 나누는 연령을 말한다. 따라서 2005년 1월 1일에 프랑스의 인구는 6천만 명인데, 이 인구의 절반, 즉, 3천만 명은 38.5세 이하이고, 나머지 반은 38.5세 이상이다. 이 연령이 중위연령이 되는 것이다.

베이비붐(baby-boom): 전쟁과 같은 역사적 충격 이후 출생률이 갑자기 대폭적으로 증가하는 현상을 말한다. 예를 들어서 프랑스에서는 1946년부터 1973년까지에 이르는 28개의 관찰연도에서 매년 평균 85만 건의 출생이 있었다. 이에 반해 1930년부터 1945년까지는 이러한 관찰연도에 있어서 매년 평균 60만 건의 출생이 있었다. 이 시기는 베이비·버스트(Baby-krach: 출산율의 '폭락').이라 불린다. 1974년 이후에는 출생건수가 평균 76만 정도에 머물고 있다.

캘린더 또는 **역년**(曆年, calendrier): 일정 기간 동안 일어난 특정 현상의 특징적인 사건의 배치를 말한다. 모든 통계

분포처럼 캘린더를 요약하는 것은 평균(la moyenne)다. 예를 들어, 일반적인 출산율 캘린더는 평균출산연령으로 나타낼 수 있다. 만약 해에 감에 따라 이 연령이 증가한다면 관찰된 출생아 수는 다른 요소가 동일하다고 가정했을 때 감소하는 경향이 있고, 이 수치와 함께 기간합계출산율(期間合計出産率, *l'indicateur conjoncturel de fécondité* 영어로는 **period total fertility rate** 간단히 'TFR'로 표시함)도 따라서 감소하게 된다. 경제위기 등 불리한 상황 후에 부부들은 우연히 혹은 일시적으로 자녀를 적게 가지는 경향이 있을 수 있고, 동시에 계획하고 있는 자녀의 수(최종 자녀수)는 변하지 않는다. 따라서 출산은 연기되고(이를 출산지연 혹은 캘린더 효과라고 한다), 좀 더 적절한 시기에 반등하게 된다. 이와 마찬가지로 여성의 생애주기의 변화(학업의 연장, 조기 직장생활, 조기 주택마련 계획 등)로 말미암아 자녀를 더 늦게 출산하는 경향이 생겨날 수 있다. 현재 이러한 경향은 30세 이하 여성의 출산율 감소와 30세 경 여성의 출산율 증가로 나타나며, 이 경우 변동의 폭은 일정하지는 않다. 이러한 현상은 1980년대 이후 다수 서구 국가에서 나타난다. 따라서 기간합계출산율의 변화는 2년 사이의 어머니 연령에 따른 출산율 정보의 변화만 반영할 수도 있다. 1970년 이후에 태어난 코호트에 있어서는 최종 자녀수는 미국을 제외한 대부분의 선진국에서 대체수준의 출산율(le seuil de remplacement des générations)7)을 훨씬 밑돌고 있다.

베이비 버스트 코호트(*classes creuses*): 결혼한 부부들이 별거하기 쉬운 전쟁 중이나 출산율이 낮은 시기에 출생하여 인구의 규모가 상대적으로 작은 코호트를 말한다. 프랑스에서는 베이비 버스트 코호트가 두드러지게 나타난 시기는 1915년부터 1919년까지의 제1차 세계대전 중이었다. 이 시기에는 다른 시기에 비해서 인구가 두 배 적었다. 유럽연합의 원래 가입국인 EC 15개국을 기준으로 볼 때는 1975년 이후에 태어난 코호트에 해당한다.

생애주기(生涯週期, cycle de vie): 개개인 인생의 도정을 말한다. 여기서는 일반적으로 세대집단의 경우에 해당한다. 이러한 주기의 성립에 대한 연구에 도입하는 단계에서는 가족생활, 초혼 혹은 최초동거의 평균연령 첫째 혹은 마지막 자녀를 가질 때의 평균연령, 마지막 자녀가 부모의 집을 떠날 때의 부모의 평균연령 등을 고려하게 된다. 개인의 삶의 도정에 대한 분석으로 인해 이러한 가족 내에서의 단계는 직장생활 및 유동성 혹은 개개인의 주거이동 (혹은 개인이 속해 있는 가구) 등의 다른 사건과 연계될 수 있다. 즉, 자녀양육의 여러 단계에서 여성의 삶에 있어서 차지하

---

7) T. Frejka, J-P. Sardon, *Childbearing Trends and Prospects in Low Fertility Countries*, Kluwer Academic Publishers, 2004

는 공간을 명시하는 것이다.

출산율 저하(*dénatalie*): 출산율이 대체수준에 못 미칠 경우 출생아 수가 감소하는 현상을 말하며 이는 **자연감소**(自然減少, le *déficit naturel*) (출생아 수보다 사망자 수가 많은 경우)을 초래할 수 있다. 이 경우 해외에서 이민이 들어오지 않으면, 인구감소의 우려가 현실화 될 수 있다.

최종자녀수(*descendance finale*): 이는 여성들의 출생코호트 혹은 혼인코호트를 기준으로 하며 계산하며, 사망이 없다고 가정했을 때 가임기 여성(50세까지)이 평생 동안 출산하는 평균 자녀수를 가리킨다. 따라서 최종자녀수는 **출산력의 강도**(*l'intensité de la fécondité*)를 측정하는 수단이 된다.

렉시스 다이어그램(*diagramme de Lexis*): 출생, 결혼, 이혼, 사망 등 인구학적 사건을 도표의 형태로 표시한 것으로서 독일의 통계학자인 렉시스(Lexis) (1837~1914)가 고안해 냈다. 1875년[8] 처음 등장한 이 도표는 가로축에는 이러한 사건을 관찰한 시점이 표시되고, 세로축에는 연령(혹은 예를 들어 결혼 기간 등의 기간)이 설정된다.

---

8) W. Lexis, Einleitung in die Theorie der Bevölkerungstatistik, Strasbourg, Trübner, 1875.

기대수명(期待壽命) 또는 출생시 기대여명(*espérance de vie à la naissance/vie moyenne*): 출생 후 특정 연도 혹은 특정 시기의 사망률 수준에 종속되는 개개인의 평균 삶의 기간을 말하며 사망력 수준은 생명표에 기록된다. X라는 연령에서의 기대여명은 생명표 상에서 X세에서 평균적으로 남아있는 생존기간의 햇수를 의미한다.

우생학(優生學, *eugénisme*): 출산과 인간의 질의 향상을 위한 유리한 조건에 대한 연구를 의미한다. 이러한 연구는 '인종(races)'의 선별성을 권장하며 이러한 선별성은 특히 부적격하다고 판단하는 개개인에 대한 불임시술을 통하여 이루어진다. 그 예로 나치 지배 하의 독일을 들 수 있다. 오늘날 생물학과 유전공학의 발달로 인해 생명체의 변종을 기대할 수 있게 되었으며, 이것은 암묵적이기는 하지만 우생학의 복권(復權)을 의미한다.

출산력(*fécondité*): 실제의 출산을 측정할 때 사용하며, 사회경제적 요인에 의하여 영향을 받는다.

가임력(*fertilité*): 생물학적 출산의 능력을 의미한다. 반의어는 불임(不姙, *stérilité*)이다.

출생코호트 또는 세대(*generation*): 같은 해에 태어난 총 인구를 의미한다. 프랑스 인구학은 세대를 주로 출생코호트라고 부른다.

기간 합계출산율(*indice synthétique de fécondité du moment/indicateur conjoncturel de fécondité*): 특정 연도의 연령별 출산율의 합계로서, **합성출산지표** 또는 **출산동향지표**라고도 부른다. 이 지수는 사망률의 효과를 고려하지 않을 때, 각 연령에서 이 해에 관찰된 출산율과 같은 출산율을 보이는 한 가상의 코호트가 한 평생 동안에 낳는 여자 1인당 최종자녀수의 평균치에 해당한다.

한계수명(*longévité/vie limite*): 인간의 최대수명을 말한다. 대략 115세에서 120세가 된다.

맬서스주의자(*Malthusien*): 영국 경제학자인 맬서스(Malthus, 1766~1834)의 아이디어를 추종하는 사람을 말한다. 즉, 특히 개발도상국에서의 산아제한을 찬성하는 사람을 의미한다.

순이동(*Migration nette/solde migratoire*): 국내인구이동에서는 전입과 전출의 차이, 국제인구이동에서는 입국과 출국의 차이를 의미한다.

출산장려론자(*nataliste*): 특히 인구부족현상을 겪고 있는 국가에서 출산장려를 주장하는 사람을 말한다.

잠재적 성장 혹은 감소/인구학적 모멘텀(*potentiel de croissance ou de décroissance/élan démographique*): 특정 인구에 있어서 연령구조에 내재하는 잠재적 성장지수(成長指數)를 말한다. 이 지수는 사망률이나 출산율이 특정 시점에 정점에서 인구대체수준(NRR=1.0)에 갑자기 이를 경우 인구증감의 폭을 의미한다. 이는 최종적인 정지인구의 크기와 t라는 특정 연도의 인구의 크기 사이의 관계이다. 일부 후진국에서는 이러한 지수는 2 정도에서 정점에 이른다. 달리 말하면 엄격한 산아제한 정책으로 인해 출산율은 당장 대체출산율에 도달하게 되더라도, 이러한 정책은 장기적로 인구증가는 멈춘다고 하더라도, 연령피라미드의 모멘텀을 유지하여, 젊은 층의 비율이 높고 따라서 높은 출생아 수와 낮은 사망자 수를 유지하는 추세가 계속되게 된다. 반면에, 출산율이 장기간에 걸쳐 저조한 국가는 이 지수가 1.0에 미치지 못하여, 인구는 감소할 가능성이 있다. 그 예로 일본, 독일, 이탈리아, 러시아 등을 들 수 있다.

결혼코호트(*promotion/cohorte*): 결혼이나 이혼 등과 혼인력과 관련하여 같은 해에 일어난 모든 사건을 의미한다.

연령피라미드(*pyramide des âges*): 특정 시점에서 인구분포를 연령과 성별로 구분해 놓은 그래프를 의미한다.

인구과밀화(*surpeuplement*): 특정 지역에 인구가 지나치게 많을 때, 즉, 자원(공간, 식량 등)에 비해 인구밀도가 지나친 경우 그 지역은 인구과밀화 현상을 겪고 있는 것이다. 바꿔 말하면, 인구과밀지역이란 자원의 활용을 위해 인구수가 적합하지 못하다고 생각되는 지역을 말한다.

생명표(*table de mortalité*): 출생에서 노년까지의 한 세대(코호트) 내에서 일어나는 사망자 수와 기대수명(l'espérance de vie)을 보여주는 인구학의 분석도구다.

조출생률(*taux (brut) de natalité*): 특정 연도의 인구에서 사산(死産)을 제외하고 집계된 정상출생만을 가지고, 인구

1000명당 계산한 출생아 수를 의미한다.

조사망률(*taux (brut) de mortalité*): 특정 연도의 인구에서 집계된 사망자 수를 인구 1000명당 계산한 것을 의미한다.

자연증가율(*taux d'accroissement naturel*): 조출생률과 조사망률 사이의 차이를 의미한다.

평균인구증가율 r (*taux moyen de croissance r de la population*): 이는 두 시점 0와 n 사이의 n년에 걸친 기간의 인구증가율을 의미한다. 이 비율은 두 시점의 P_0와 P_n에 해당하는 인구가, 인구증가를 불연속이라고 가정하는 경우 $P_n = P_0(1+r)^n$, 연속이라고 가정하는 경우 $P_n = P_0 e^{rn}$이라는 관계로 설정되어, 각각의 수식에서 n을 구하는 것이 된다.

영아사망률(*taux de mortalité infantile*): 역년(曆年) 상 한 해를 기준으로 같은 해에 출생한 자녀들 중에서 1세가 안 되어 사망한 자녀들의 수를 의미한다.

총재생산율(*taux brut de reproduction (feminine)*): 특정 시점의 합계출산율에 총 출생건수에서 여아가 차지하는 비율(48.8% 혹은 0.488)과 곱하는 것을 말한다. 이 지표는 통상 기간별로 측정되지만, 코호트를 기준으로 하여 측정할 수 있다.

순재생산율(taux net de reproduction (féminine)): 총재생산율을 여성의 가임기까지, 실제로는 평균 출산연령까지 생존할 확률로 곱하는 것을 의미한다. 이 지수는 생명표에 명시된 특정 시점의 가임연령 이전의 사망률을 고려했을 때 어머니들이 낳는 여아의 수에 해당한다. 순재생산율이 1.0일 때, 연령별 출산율과 연령별 사망률이 장기적으로 변하지 않는다면, 자녀세대가 부모세대를 정확하게 1:1로 대체하는 것을 의미한다. 여기서 자녀와 부모는 실제로 딸과 어머니를 의미한다.

인구변천(transition démographique): 다산다사(多産多死)로 높은 수준의 균형상태에 있는 전통적인 인구구조에서 소산소사(少産少死)로 낮은 수준의 균형상태에 있는 인구구조로 이행하는 것을 의미한다. 즉, 인구변천은 두 균형적인 인구구조 사이 생겨나는 과도적인 불균형의 시기(이 과도기는 1~2세기가 걸릴 수도 있다)를 가리킨다. 이 변천과정은 두 단계로 대별할 수 있다. 첫 번째 단계는 사망률의 감소 및 자연증가의 급증으로 특징지을 수 있다. 두 번째 단계는 저출산으로 자연증가가 완만해지거나, 자연감소가 발생하면서 인구증가율이 마이너스가 되는 단계이다.

인구고령화(*vieillissement démographique*): 특정의 인구에서 고령자의 비율이 높아지는 현상을 의미한다. 인구변천이 진행되면서 연령피라미드는 점차적으로 청년층이 줄어들고 노년층이 늘어나기 때문에, 상하가 역전되는 현상이 생겨난다. 저출산이 장기간 계속되는 일부국가에서는 **60**세 이상의 인구가 **20**세 이하의 청년인구보다 많아지게 되면서, 인구감소는 더욱 더 빈번하게 일어나게 된다.

대다수를 차지하는 연령집단은 은퇴연령 인구가 되지만 젊은 성인 그리고 특히 어린이의 수만 급격하게 줄어들게 된다. 따라서 노동시장과 사회보장제도의 존립 자체에 있어서 문제가 일어나게 된다.

일본에서는 지난 반세기 동안 진행된 대단히 낮은 출산율과 기대수명의 급격한 증가로 말미암아 **2030**년에는 **80**세 이상 초고령자 인구집단이 일본사회에서 압도적으로 높은 비율을 차지할 것으로 보인다. 따라서 의지할 곳이 필요한 이 초고령자 인구를 누가 돌볼 것인가는 심각한 사회문제가 될 것이 분명하다.

제 2장

인구학의 개념 및 수단

인구(population)는 유입(출생, 전입)과 유출(사망, 전출)의 메커니즘에 의해 교체가 이루어지는 사람들의 집단을 의미한다. 여기서 시간단위는 보통 해(年)이므로, 특정 연도 1월 1일의 인구 P_1은 그 전 연도 1월 1일 인구 P_0에 신생아수와와 전입자수를 더하고, 사망자수와 전출자수를 뺀 값과 같다.

1. 기본방정식

인구학의 기본방정식(*l'équation fondamentale de la dèmographie*), 곧 인구방정식은 다음과 같다.

$$P_1 = P_0 + (N - D) + (I - E)$$

N : 출생아 수

D: 사망자 수

I: 입국하는 이민자 수

E: 출국하는 이민자 수

$(N-D)$이라는 항(출생아 수에서 사망자 수를 뺀 값)은 **자연증가**(自然增加, *le solde naturel*)를 가리킨다. 한편$(I-E)$라는 항(입국하는 이민자 수 - 출국하는 이민자 수)은 이민에 의한 증가 곧 **순국제인구이동**(純國際人口移動, *le solde migratoire*)을 의미한다.

모든 사회현상 중에서 인구현상은 가장 정확하게 측정되는 현상의 하나다. 가령, 선진국에서는 출생과 사망에 관한 인구동태통계는 거의 완벽에 가까울 정도로 자료가 정확하다. 그러나 지역단위로 주민등록부 등 영구적 관찰시스템을 구축하고 있는 국가를 제외하고는 외국과의 출입국에 관련된 통계자료는 문제가 많다. 한마디로 출입국통계의 정확성에는 문제가 심각하다. 따라서 '순국제인구이동'은 간접적인 방법, 곧 두 개의 연속되는 센서스 집계결과 사이의 차이를 이용하는 경우가 많다 곧. 순국제인구이동은 두 센서스의 집계누락이 같은 정도라고 가정하고, 두 센서스 사이에서 발생하는 총인구의 변동에서, 센서스 기간 중에서 발생한 자연증가(출생아 수에서 사망자 수를 뺀 값)를 빼서 구하는 경우가 그것이다.

이제 위에 명시한 인구방정식에 관련된 용어를 하나하나

검토하여 보도록 한다.

2. 연령피라미드

P_0는 초기인구를 말한다. 초기인구는 가장 최근의 인구센서스가 제공하는 결과에 기반을 두고 있다. 초기인구를 분석하는 가장 좋은 수단은 연령피라미드이다. 특정 토양의 지층이 지난 세기의 특성에 대해 충실히 설명해주듯이 연령 피라미드는 역사의 흔적을 간직하고 있다. 연령피라미드가 **지층**(地層, *la couche géologique*)과 비교하여, 다른 점이 있다면 연령피라미드는 특정 시점에 인구를 구성하는 연속되는 코호트의 층을 나타낸다는 점이다. 이 과거의 흔적은 상대적으로 장기적인 기간을 망라하고 있으며, 가장 오래된 코호트에 대한 정보도 제공한다. 달리 말하면 이 기간은 거의 **100**년에 가까운 기간이다.

2000년의 유럽연합(*L'Union européenne*) 총인구의 연령피라미드에서 **19**세기 후반에 태어난 코호트의 경우 남자 인구가 줄어든 것을 알 수 있다. 이는 **1914**년부터 **1918**년까지의 제1차 세계대전으로 인한 군사적 손실에 기인한다. 또한 남녀 모두의 인구가 줄어드는 시기도 발견된다. 양차대전 간 출생아 수가 감소하는 시기에 이러한 현상이 나타나며, **1930**년대 그리고 최근의 저출산 시기에도 이러한 감소를 볼 수 있다. 이에 반해 **1946**년부터 **1973**년까지는 **28**

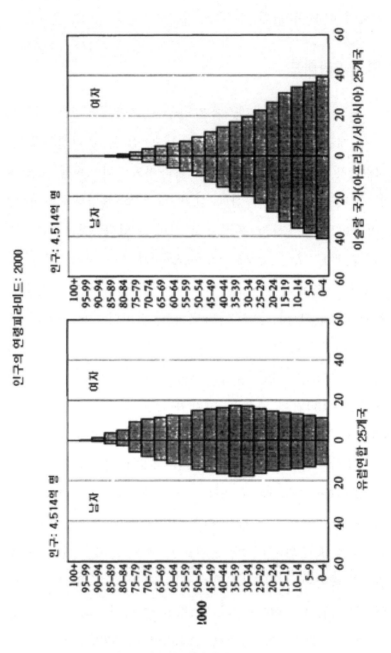

그림 1. 인구의 연령피라미드: 2000

개 매세별 연령집단에 모두 베이비붐 현상이 뚜렷하게 나타난다.

그러나 연령피라미드는 인구를 구성하는 코호트의 역사에 대한 정보만 제공하는 것은 아니다. 연령피라미드는 과거와 현재를 연결해주는 역할을 하며 미래 인구동향에 대한 가능한 이미지를 제공한다. 늙은 인구의 연령피라미드는 인구행태가 변하지 않는다고 가정할 때, 소산다사(小産小死)의 양상을 띤다. 바꾸어 생각하면 젊은 인구의 연령피라미드에서는 자연증가율이 높다는 점을 유추할 수 있다. 이러한 추세는 적어도 수십 년 동안 계속되게 되며, 현재 이슬람 국가의 경우가 여기 해당한다.

출생, 결혼, 사망 등 인구동태사건의 절대수는 사실상 직접 비교가 불가능하다. 왜냐하면 이러한 수치들은 특정 인구의 절대규모에 따라 달라지기 때문이다. 따라서 이러한 수치에 상응하는 비례관계를 측정해야 한다. 이러한 비례관계는 조출생률, 조혼인율, 조사망률, 영아사망률 등의 비율로 표시할 수 있다. 이러한 비율은 **1,000**명을 기준으로 표시하는 것이 일반적이다.

3. 출산율

조출생률은 특정 연도의 정상출산에 의한 출생아의 총수를 그 해의 평균인구로 나눔으로써 얻을 수 있다. 여기서 평균

인구(平均人口, *la population moyenne*)란 한 해의 1월 1일에서 그 다음 해의 1월 1일까지의 평균인구를 말한다. 따라서 프랑스에서는 2002년에 정상출산에 의한 출생건수가 76.3만 명이었고, 2002년 1월 1일 인구가 5934.2만 명이었고, 2003년 1월 1일 인구가 5,963만 명이었으므로 평균인구는 $\dfrac{5,934.2 + 5,963.0}{2} = 5,948.6$(만 명)

따라서 출생률은 $n = \dfrac{763,000}{59,946,000} \times 1000 = 12.8\text{‰}$

즉, 1,000명 당 12.8명의 출생이 있었던 것이다.

Note 2-1: 백분율과 천분율

프랑스의 인구통계는 자주 천분율(‰)로 표시되는 지표를 사용한다. 백분율은 100분의 1을 1로 하는 단위이고, 천분율은 1000분의 1을 하나로 하는 단위이다. 백분율과 천분율은 영어로 **percent, permille**로 쓰고, 기호로는 **%, ‰**로 쓴다. 높은 경우는 백분율, 상대적으로 낮은 경우는 천분율을 사용한다. 또 어떤 나라의 인구가 지난 10년 간 5,000만에서 6,000만 명으로 증가하였다고 할 때, "인구증가가 1995∼2000년의 10년간 20%"라고 표기한다. 퍼센트는 100을 넘을 수 있기 때문에, "2000년의 인구가 1990년 대비 120%"라고 표기해도 좋다. 그러나 "지지율이 50%에서 10% 증가하여 60%가 되었다"는 표현은 잘못된 것이다. 50%에서 10%가 증가하면, 0.40+(0.50x10) =0.55밖에 되지 않는다. 따라서 "지지율이 50%에서 10%p (퍼센트포인트) 증가하여 60%가 되었다"고 표기하는 것이 올바르다.

산아제한이 보급되지 않았던 과거 전통사회의 조출생률은 예외적인 경우를 제외하고 대략 35‰에서 55‰이었다. 2005년경에 이러한 비율은 열대 아프리카 혹은 일부 중동

세계의 조출생률 수준: 2014년 현재

세계의 조출생률 수준: 2014년 현재

의 폐쇄적인 국가에서만 나타난다. 인구변천이 일어나기 전의 사회에서 **35‰**의 출생률은 낮은 수치이며, 이는 급증하는 결혼의 제한에 연관되어 있다. 즉, 결혼을 늦게 하고, 독신으로 사는 사람들이 늘어나는 것이다. 반면 **50%** 정도의 비율은 이보다는 높은 수치이다. 이러한 수치는 결혼 연령이 빠르고, 결혼 건수가 많다는 것을 의미한다. 이 경우 성숙기인 **15**세에서 **50**세의 여성 중 결혼한 여성의 비율은 **85%**가 넘는다. 반면 일부 서유럽 국가에서는 결혼이 늦고 제한적이다. 그 예로 포르투갈, 스위스, 스웨덴 등을 들 수 있다. 이러한 국가에서는 결혼 비율이 **1/2** 정도가 된다. 사실 **1864**년에 포르투갈에서 결혼 비율은 **42.4%**밖에 되지 않았다.

1970년대 이후 역사상 최초로 조출생률이 **10‰** 이하로 감소하였다. 여러 국가에서 이 수준에 있었는데, 그 예로 독일, 이탈리아, 러시아, 우크라이나 등을 들 수 있다.

출산율은 연령피라미드의 부분, 특히 임신이 가장 활발히 일어나는 연령대의 여성 수에 따라 달라진다. 이러한 연령대의 여성 수는 출산행태의 변화를 말해주는 '**반향효과**(反響效果, *un effet d'écho*)'(자녀를 많이 낳는 연령층과 적게 낳는 연령층의 세대교대)를 생산한다, 이러한 행태의 변화를 제대로 측정하기 위해서는 이러한 연령구조의 효과를 제거하지 않으면 안 된다. 따라서 출산율은 여성 개개인의 연령별로 측정된다. 15, 16, 17, …, x, …, 49세까지의 연령별 출산율은 **f15, f16, f17**, …, **fx**, …, **f49**를 사용하여 다음과 같이 나타낼 수 있다.

f15 = **N15/F15**는 N15는 15세 여성에 의한 출생아 수를 말하며, F15는 15세 여성의 수를 말한다.

f16 = **N16/F16**에서 N16은 16세 여성에 의한 출생아 수를 말하며, F16는 16세 여성의 수를 말한다.

f17 = **N16/F16**에서 N17은 17세 여성에 의한 출생아 수를 말하며, F17는 17세 여성의 수를 말한다.

fx = **Nx/Fx**에서 Nx는 x세 여성에 의한 출생아 수를 말하며, Fx는 x세 여성의 수를 말한다.

f49 = **N49/F49**에서 N49는 49세 여성에 의한 출생아 수를

말하며, **F49**는 49세 여성의 수를 말한다.

이런 식으로 관찰대상이 되는 각각의 해에 대해서 **35**개의 연령에 대한 비율을 얻게 된다. 이후 이러한 연령별출산율 (年齡別出産率, *le taux de fécondité par âge*)은 같은 도표에서 특정의 연구기간을 구성하는 다른 해의 수치와 비교가능하다. 따라서 각각의 개별 연령 집단 내에서의 출산율의 해가 감에 따라 어떻게 변동되는지 관찰할 수 있는 동시에 시간의 흐름에 따라 연속적으로 나타나는 코호트가 걸어온 길을 재구성할 수 있기 때문에, 분석은 그 내용이 더욱 구체성과 정밀성을 지니게 된다. 구체적으로 보자면 한 세대에 관련된 비율은 도표의 대각선에 표시된다. 세월의 흐름과 개개인의 나이의 증가 사이에 엄격한 대등관계가 있듯이 특정 해에서 다음 해로 (즉, 도표의 한 열에서 다음 열로) 넘어가자마자 각각의 세대는 1년 더 나이를 먹는 것이 된다. 즉, 도표에서 한 줄 내려가는 것이다.
코호트관찰을 통한 분석의 장점은 관찰되는 변화 내에서 자손구성의 리듬 변화와 관계된 요소와 최종 자녀수 자체에 영향을 미치는 보다 근본적인 변화와 관계된 요소를 구별하는데 있다.
이러한 분석 작업이 연구자의 요구사항을 충족시키는 경우 연령별출산율 도표가 제시하는 수치화된 정보는 반면 그 특유의 풍부함으로 인해 어느 정도의 무게감을 준다. **t**라는 특정 연도는 유일한 지수로 종합할 수 있다. 지수로 나타내기 위해서는 각각의 연령대에서 관찰된 기본 비율인 연령별출산율을 합산한다. 여기서 얻어진 지수는 $I_t = \sum_{i=15}^{49} f_x$이며 이는 **기간합계출산율**(期間合計出産率)이라 불리며, **출산동향지표**(*indicateur conjoncturel de fécondité*) 혹은 **합성출산지수**(*indice synthetique féconditéde au moment*)라고도 부른다. 따라서 합계출산율은 **15**세에서 **49**세까지의 전체 가임 연령대에 대해 특정 연도에 관찰되는 **35**개의 서로 다른 코호트에 관련된 출산 행태를 하나의 값으로 요약한다. 환언하면, 이 지표는 어떤 가상의 코호트에 대해서, 그 코호트가 그 해에 관찰된 연령별출산율에 따라 출산을 한다고 가정하고 그 연령별출산율을 더하여, 그 해의 출산율의 동향을 설명하는 것이다. 예를 들어, 2003년 프랑스에서는 합계출산율은 여성 1인 당 1.81 명의 자녀였으며, 1974년부터 이 수치는 평화시기에서 종전에 볼 수 없었던 낮은 수준을 유지해 왔었다.

세계의 합계출산율: 2010-2015년 현재

총재생산율과 순재생산율 - 통계학적 관점에서 볼 때, 출산이란 자녀가 부모를 대체하는 개념이다. 출산은 특정성별, 일반적으로 여성을 기준으로 측정할 수 있다. 즉, 출산은 출생 시 여아의 비율로 측정할 수 있으며, 그 비율은 생물학적인 상수로 간주한다. 즉, 여아 대 남아의 비율은 거의 항상 100 : 105이다. 따라서 출생 시의 여성의 비율은

$\dfrac{100}{100+105} = 0.488$이며, 따라서 총재생산율(le taux brut de reproduction) R은

$R = 0.488 I_t$

라는 식이 나오고,

2003년 프랑스에 대해서

$R = 0.488 \times 1.81 = 0.88$ (여성 한 명당 여아의 수)이 된다.

그러나 가임기가 되기 전의 사망률도 출산율의 계산에 참작할 필요가 있을 것이다. f_x를 연령별 출산율, 평균출산연령이 a라고 하면. $a = \dfrac{\displaystyle\sum_{x=15}^{49} x \cdot f_x}{\displaystyle\sum_{x=15}^{49} f_x}$ 이 된다. 이 연령 (대략 28세)까지 생존할 확률을 같은 해의 사망률에 따라 s_a라고 하자. 이제 R_0이라는 한 시점에서 **순재생산율**(taux net de reproduction)을 계산할 수 있다.

즉, $R_0 = R_{s_a}$ 가 된다.

2003년 프랑스의 경우 $s_a = s_{28} = 0.99$ 이다. 따라서 순재생산율의 값은 $R_0 = 0.88 \times 0.99 = 0.87$이 된다.

2003년의 순재생산율을 볼 때 출생아 수는 인구대체를 보

장하는 1.0의 수준에 미치지 못한다. 부족분은 대략 13% 정도이며, 사산아가 아닌 정산출산만으로 집계된 출생건수는 760,000명이다. 반면 인구대체를 하는데 필요한 출생아 수는 873,000명이다. 달리 말하면 가중된 가임기 세대(예비 부모세대)의 평균수는 그들 자녀 세대보다 113,000명이 더 많은 것이다.

선진국에서도 사망률 상황은 무시할 정도는 아니어서 세대를 대체하는데 필요한 합계출산율의 최솟값은 여성 1인당 대략 2.1명의 자녀이다. 이러한 결과가 나오게 된 원인은 다음과 같다. 사망률을 감안한 여성 1인당 자녀수는 평균 적으로 아들과 딸을 합쳐서 2.05 명의 출생아수를 필요로 한다. 이는 사산아는 제외했을 경우이다. 사망률을 포함한 순재생산율은 이보다 약간 높다. 가장 신빙성 있는 가설은 다음과 같다. 평균출산연령에 이르기 전의 사망률이 1~2% 정도 되는데, 이를 바탕으로 이 연령까지의 생존확률을 s_a 로 놓는 것이다. 즉, $0.98 \leq s_a \leq 0.99$가 된다. 따라서 합계 출산율은 2.05/0.99 그리고 2.05/0.98로 나타낼 수 있고, 이는 여성 1인당 평균 2.07명에서 2.09명의 자녀를 의미한다. 전통사회에서는 영유아사망률이 상당히 높고, 출산연령이 늦어진다. 이러한 국가에서는 대체출산율, 곧 세대의 대체에 필요한 평균자녀의 수는 4명에서 6명까지 늘어날 수 있다.

역년(曆年) 상의 한 해에 대해 측정된 여러 가지 지표는 코호트를 기준으로 측정될 수 있다. 여기서 한 코호트의 최종 자녀수가 합계출산율에 대응하는 값이 된다. 따라서 현대 프랑스에서 가장 출산율이 높은 여성 세대는 1928년에 태어난 코호트였고, 이 여성들의 평균 자녀수는 2.6명이었다. 또한 1896년에 태어난 코호트의 경우 여성 한 명당 최종 자녀수가 1.8명이었다. 초기 추정치에 의하면, 1965년경에 태어난 코호트는 1900년경에 태어난 그들의 조부모 코호트에 비해 자녀수가 적다. 왜냐하면 조부모 코호트의 최종 자녀수는 1.8명이 아닌 대략 2명이었기 때문이다. 이 코호트 간에 하락한 사망률을 감안한다면 최종 자녀수의 차이는 꽤나 큰 것이다. 왜냐하면 1965년에 태어난 코호트는 순재생산율이 대략 0.7이었으나 조부모 코호트는 대략 0.97이었기 때문이다. 1960년대 중반 이후 태어난 코호트의 경우는 출산력의 저하로 대체출산율(le seuil de renouvellement des générations)을 밑도는 상태에 이르게 되었다.

4. 조사망률과 영아사망률

사망률을 측정하는 첫 번째 수단은 **조사망률**(粗死亡率, taux brut de mortalité)이다. 특정 연도의 조사망률은 그 연도의 사망자수를 해당 평균인구로 나눔으로써 구할 수 있다. 혹은 사실 여기서 대략적인 평균인구는 특정 연도 1월 1일에서 그 다음 연도 1월 1일까지의 인구로 산출할 수 있다. 따라서 2002년 프랑스에서 사망자 수는 540,000명이었고, 평균인구는 5946.0만 명이었으므로 조사망률을 m이라고 했을 때

$$m = \frac{540,000}{59,946,000} \times 1000 = 9.0\text{‰}$$

이는 프랑스에서 측정된 수치 중 가장 낮은 수치이다. 그러나 수치의 크기의 순서는 결코 예외적이지는 않다. 왜냐하면 이보다 2배 더 낮은 수치가 일부 국가들에서 기록되었기 때문이다. 그러나 이 국가들에서 위생조건은 제대로 갖춰지지 못하였으며, 인구 중에는 어린 층이 많으며 노인이 차지하는 비율은 매우 낮다. 따라서 사망률이 높아질 가능성이 있다. 즉, 조사망률의 수치는 그 의미가 애매모호하다고 할 수 있다.

조사망률의 검증작업이 다양한 연령층을 가지고 있는 인구에 대해서 혼동을 불러일으키는 작업이라면 이러한 조사망률의 변화에 미치는 영향을 어쨌든 최소화하여야 할 것이다. 사망률의 변동 폭은 사실 매우 넓다. 효율적인 의료체계가 마련되지 않은 전통사회에서 조사망률은 한 해에 보통 30‰에서 40‰에 이른다. 또한 재해가 발생하는 해에는 사망률은 확실히 증가하여 50‰에서 60‰까지 갈 수도 있으며, 심지어는 100‰에 달할 수도 있다. 이러한 사망률의

급증은 기근이나 전염병이 있는 해의 특징인데, 이러한 과도한 사망률은 17세기에서 19세기를 거치면서 점차적으로 완화되었다.

그러나 더욱 더 분명한 것은 **영아사망률**(嬰兒死亡率, *le taux de mortalité infantile*)의 정도이다. 영아사망률은 같은 해에 사산이 아닌 정상출산으로 집계된 1세 미만의 신생아들 중에서 발생한 사망자 수를 말한다.

예를 들어, 프랑스에서는 2003년에 영아사망률이 4.3‰이었다. 이러한 수치로 인해 프랑스는 영아사망률에 있어서 일본(3‰), 홍콩 그리고 북유럽 일부 국가 다음으로 세계 7~8위를 차지하고 있다. 이러한 영아사망률에 대한 분류는 중요한 상징적 가치를 가진다. 왜냐하면 영아사망률은 사회경제적 발전 정도의 가장 확실한 척도이기 때문이다. 영아는 취약하고, 자율권을 상실한 상태에 살게 되면, 양질의 인간관계와 영아를 돌보는 의학적, 경제적 (음식, 정신적 안락) 행정적 (의료시설, 교통 및 통신망) 환경에서 성장할 수 있는 가능성이 줄어든다.

시대는 변하였다. 18세기 중반 아방가르드(avant-garde) 운동이 일어나고 있는 프랑스에서 영아의 4분의 1 이상이 1세도 채 되기 전에 죽었다는 점을 생각해 보자. 제2차 대전 직후, 영아사망률은 오늘날보다 15배 더 높았다. 즉, 1946년에서 1947년까지는 71‰이었다. 그 때 이후로 영아사망률은 현저하게 저하하였다.

생명표와 기대수명- **생명표**(生命表, *la table de mortalité*) 의 작성 원칙은 간단하다. 특정 해에 각각의 성별에 대해 연령별로 기록된 일련의 사망률부터 생명표는 다양한 연령 에 있어서의 사망률의 변동을 기록하는 몇 개의 세트로 구 성된 값을 보여준다. 즉, 사망확률, 출생하면서부터 각각의 연령에서 지배적인 사망의 위험에 노출되어 있는 가상의 코호트가 소멸되는 과정, 연령별 사망자 수, 각각의 연령에 대한 기대여명 등이다.

Note 2-3: 생명표 작성의 가정

생명표는 영어로는 'life table'이지만, 프랑스어로는 '*la table de mortalité*' 사실상 사망표라고 번역해야 마땅하나, 일반적 관련에 따라 생명표라고 부른다. 어쨌든, 생명표의 작성에는 몇가지 중요한 가정이 있는데 그것을 살펴본다. 먼 저, 생명표는 과거의 사망상태에서 장래치를 추정하는 것이기 때문에, 사회적 증가에 해당하는 인구이동은 계산에 포함하지 않는다. 한마디로, 인구이동이 없 는 또는 순이동이 제로인 폐쇄인구(*la population fermée*)를 전제로 한다. 다음 은 성·연령별 출산율과 성·연령별 사망률이 일정불변으로, 출생아 수와 사망 자 수는 어느 시점에서나 같다고 가정한다. 이와 같이, 안정인구의 특수형태인 정지인구(*la population stationaire*) 곧 자연증가율이 제로인 인구를 가정한다. 이 때문에 정지인구를 생명표인구(*la population de table de mortalité*)이라고 도 부른다. 이러한 가정을 토대로 작성되는 생명표에서 계산된 각종 함수값은 두말할 필요도 없이 확률적·이념적 기대치다. 따라서 생명표의 결과를 이용하 는 경우에 이러한 가정에 유념하지 않으면 안 된다. 한편, 생명표에 의하여 계 산된 기대수명은, 사망에 관한 전반적 상태를 보여주는 요약지표로서, 그 의미 를 파악하기가 훨씬 쉽기 때문이다.

프랑스에서 발표된 여러 해 동안의 생명표 중 가장 최근 자료 중 하나는 1999년에서 2001년까지의 자료이다. 이 생

명표는 다음과 같은 기호를 사용하고 있으며, 아래는 이 도표의 일부이다.

x: 정확한 연령 (생일을 따져보았을 때)

S_x: 사산아가 아닌 **100,000** 명 출생자 중 **x**세에서 생존자 수

$d(x, x+1)$: 생일 x와 $x+1$ 사이의 사망 수

q_x: 생일 x와 $x+1$ 사이의 사망할 확률

e_x: x세에서 기대수명 (단위: 세)

프랑스의 생명표, 1999-2001 (발췌)

연령 x	생존수 S_x	사망자 수 $d(x, x+1)$	연간 사망률 q_x	기대수명(세) e_x
남자				
0	100000	500	500	75.25
1	99500	40	40	74.63
20	98887	104	105	56.01
40	96282	240	240	37.22
60	85385	1178	1178	20.42
75	60533	2552	4216	10.25
85	29718	3417	11498	5.38
100	744			
여자				
0	100000	391	391	82.74

1	99609	33	33	82.06
20	99260	35	35	63.31
40	98193	114	116	43.81
60	93286	452	484	25.54
75	80760	1616	2001	13.09
85	54151	4141	7648	6.67
100	2610			

정확한 연령 x세에서의 **사망확률**(死亡確率, *la probabilité de décéder*)은 다음과 같이 나타낼 수 있다.

$$q_x = d(x, x+1)/S_x$$

혹은 예를 들어, 남아에 있어서 출생과 첫 번째 생일 사이의 기간 중 사망할 확률은 다음과 같다.

$$q_0 = d(0,1)/S_0 = \frac{50}{10,000} = 50\,(‰)$$

특정 연령에서의 **기대여명**(期待餘命, *l'espérance de vie*)은 그 연령에서 남은 평균 생존기간을 햇수로 표시한 것이다. 또한 이 연령을 넘어서 사망한 사람들에 있어서 기대수명을 뜻하기도 한다. 여기서 기대수명은 출생하면서부터의 기대수명을 의미한다. 출생 직후 사망의 위험이 대단히 높기 때문에, 인생 초기에 사망자의 기대수명 d(0, 1)은 0.5년보다 짧다. 이 시기의 기대수명이 0.3년이라고 가정하자. 다음 인생시기에 있어서는 수명이 더욱 골고루 분포된다. 또한 사망은 평균적으로 연령집단 중간에 일어난다는 것을 알 수 있다. 즉, 1.5세에서 간격 (1,2)에 대해 2.5세에 있어서 간격 (2,3)에 대해… x + 0.5세에서 간격 $d(x, x+1)$에 대해… 이에 따라 출생하면서부터의 기대수명을 산출할 수 있다.

$$e_0 = \frac{1}{S_0} \times 0.3(S_0 - S_1) + 1.5(S_1 - S_2) + 2.5(S_2 - S_3) + 3.5(S_3 - S_4) + \ldots$$

$$= 0.3 + 1.2S_1 + S_2 + S_3 + \ldots.$$

사망률은 매우 낮아져서 일련의 생존자 수는 고령이 되어서야 진정으로 감소하게 된다. 2000년 경 특유의 사망 위험성과 함께 75세에서는 남성의 경우 생존자수가 60%를 웃돌고, 여성의 경우 3/4에 달한다. 정년퇴직 연령인 60세에 이를 가능성은 남성에 있어서는 85%가 넘고, 여성에 있어서는 90%가 넘는다. 이 연령에서의 기대여명(특정 시기의 조건에 따라 남은 삶의 햇수)은 남성에 있어서는 20.4년이고, 여성에 있어서는 25.5년이다. 여기서 여성의 기대여명이 현격히 높다. 즉, 남성보다 대략 5년을 더 사는 것이다.

세계의 기대수명(출생시): 2010-2015년 현재

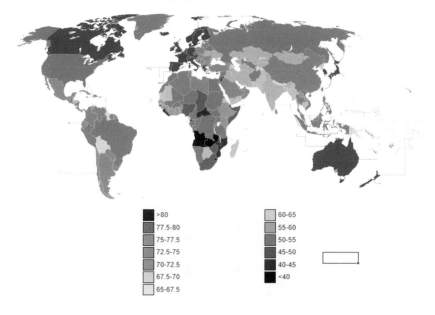

1999년에서 2001년까지의 사망률 조건에서 신생아가 100세까지 살 확률은, 즉, 100세 미만의 모든 연령대를 지날 확률은 남아의 경우 0.7%이고, 여아의 경우는 2.6%가 된다. 고령에 도달할 확률은 세월이 지나면서 급증했다. 왜냐하면 1933년부터 1938년까지의 도표에 의하면 85세까지 살 확률은 남녀 각각 5.2%와 11.2%였으나 1999년부터 2001년까지의 도표에 의하면 남성의 경우 29.7%에 도달하였고, 여성의 경우 54.2%에 달하였기 때문이다. 게다가 최고령층 인구의 급증은 최근 몇 십 년 간 가장 주목할 만한 사실 중 하나이다. 이러한 고령층 인구의 급증은 장래에도 한층 더 가속화될 수밖에 없을 것이다.

5. 인구이동

가족적 의례(儀禮)를 동반하는 유일한 사건인 출생이나 사망과는 달리, 유동성이 강화된 문명사회에서는 **인구이동**(人口移動, *la migration*)이 단기간의 여행을 포함하는 이동현상과 혼동된다. 이동은 흔히 일상적으로 볼 수 있는 현상이 되었다. 일반적으로 이동을 지속적인 성향을 띤다든지, 또한 심지어는 확정적인 성향을 띠는 것을 제외하는 경우에는 제대로 기록되지 않는다. 예외적인 경우로서는 고향을 떠나는 행위, 이사, 외국에서의 정착 등을 들 수 있다. 국제적 인구이동의 움직임은 입국하는 이민자와 영구적으로 출국하는 이민자를 구분하고, 또 입국하는 이민자와 일시적으로 출국하는 이민자를 구분하여야 한다. 따라서 장기적인 국제인구이동의 수치는 특정 영토에 정착할 것을 목적으로 들어오는 내국인과 외국인을 포함한 모든 사람들과 다른 곳에 주거를 정하기 위해 그 영토를 나가는 모든 내국인 및 외국인을 포함한다.

인구이동 중에서, 국제인구이동의 수치는 대략적으로밖에 파악되지 않고 있다. 예를 들어, 두 센서스 연도간의 순국제인구이동의 추정치로 만족하는 수밖에 없으며, 국제인구이동을 원인, 성격(입국, 출국) 그리고 특정 기간 동안의 이동빈도에 따라 분석하기 위해서는 구체적이고, 비용이 많이 드는 표본조사가 아니면 불가능하다. 위에 나온 기본 방정식에 사용된 기호를 다시 사용한다면, 그리고 집계된 인구를 P_2로 나타내고, 그 전에 집계된 인구를 P_1이라고 하면 다음과 같은 식이 성립된다.

$$I - E \quad = \quad (P_2 - P_1) \quad - \quad (N - D)$$

순국제인구이동   인구변동   자연증가

순국제인구이동(혹은 입국하는 이민에서 출국하는 이민을 뺀 값)은 인구의 총 증가분과 같은 시기 동안의 인구의 자연증가 사이의 차이와 같다. 이 측정방법은 다른 모든 측정방법과 같이 문제점이 많다. 왜냐하면 이 측정방법은 정확하기 위해서 각각의 센서스에서 집계누락 또는 이중집계 등 현장실사의 질이 엄격하게 동일하다고 가정하기 때문이다. 그러나 현실에서는 사실 이러한 조건이 제대로 충족되는 경우는 희귀하다.

Note 2-4 : 코호트요인법에 의한 순국제인구이동 추정

코호트요인법(la methode des composantes)을 적용하여, 연령별, 총인구와 하위집단(성, 출신국, 인종/종족별)에 대하여 순이동을 추정할 수 있다. 이 절차는 인구변동의 구성요소인 출생과 사망을 별도로 고려하여(추정시작까지는 모든 연령집단에 대한 사망자 수와 새로 태어난 코호트의 경우에는 출생과 사망에 관한 자료), 연령(1세 또는 5세 간격)별로 추정치를 작성하는 것이다. 사망관련 기초통계는 있다고 하더라도, 사망력 추정을 목적으로 출생코호트별 사망통계를 작성하는 것이 쉬운 일은 아니다. 생존율은 생명표 생존율이 될 수도 있겠고, 센서스 생존율이 될 수도 있다.

센서스 기간 중에 출생한 사람들을 제외하고, 연령(출생) 코호트별로 순국제인구이동을 추정하는 방법은

$$(I_a - E_a) = P_a^1 - sP_{a-1}^0$$

이다. 여기서 I_a와 E_a는 기간의 종점에서 연령별로 정의된 코호트의 이입과 이출을 의미하고, P_a^1는 두 번째 센서스에서 연령 a세의 인구, P_{a-1}^0는 첫 번째 센서스에서 연령 $(a-1)$세의 인구, s는 센서스 기간(한국은 5년)에 대한 연령(출생)코호트별 생존율을 가리킨다. 신생아 코호트에 대해서는

$$(I_a - E_a) = P_a^1 - sB$$

으로, B는 센서스 기간 중에 발생한 출생아 수를 가리킨다. 또 여기서 $s = {}_5S_x^5 = \dfrac{{}_5L_{x+5}}{{}_5L_x}$를 적용하여, 순국제인구이동을 추정할 수 있을 것이다.

6. 종단분석과 횡단분석

종단분석(縱斷分析, *l'analyse longitudinale*)의 목적은 한 코호트, 즉, 같은 해 같은 사건을 동시에 경험하는 모든 사람들의 약력을 재구성하는데 있으며, 출생코호트 또는 혼인코호트를 그 예로 들 수 있다. 반면 **횡단분석**(橫斷分析, *la analyse tranversale*)은 훨씬 더 관례적이고, 편안한 방식의 분석이다. 이 분석방법은 특정 해나 특정 기간에 기록된 사건들을 연구하는 것에 그친다. 횡단분석은 인구학에서 흔히 사용된다. 횡단분석에 의한 수치는 합계출산율 혹은 기대

수명과 마찬가지로, **가상 코호트**(또는 세대)(*la cohorte synthétique*)라는 인위적 구성물에 의존하여 측정되는 지수다.

Note 2-5 : 가상코호트

출산율, 사망률, 인구이동률 등의 인구동태율에서, 특정기간을 기준으로 측정한 연령별 특수지표들을 보면, 그것은 상이한 코호트, 곧 가상코호트의 합성지표라고 할 수 있다. 그러나 이처럼 특정기간에 관찰한 연령별 특수지표를 하나의 실제 코호트가 생애주기에 경험한 것으로 가정하여 볼 수도 있을 것이다. 가령, 한국에서 2004년 한 해를 기준으로 연령별 사망률을 측정하고, 그 연령별 사망률을 바탕으로 생존하고 있는 가공적인 집단의 평균여명을 계산하는 생명표를 작성할 수 있을 것이다. 이처럼 기간자료를 바탕으로 계산을 하지만 결과를 해석할 때는 연령별 사망률이 하나의 실제 코호트에 적용되는 것으로 가정을 하게 된다. 이러한 코호트를 흔히들 가상코호트라고 부른다. 가상코호트는 대단히 유용한 분석개념이지만, 이것은 매년 사회경제적 여건에 대해 독자적으로 연령별 지표의 궤적을 그려나가는 실제 코호트의 개념과 구분해서 사용해야 한다.

특정 기간 동안 여러 연령대에서 관찰된 행위는 특정의 가상 코호트가 생존하는 평생 동안 적용되는 것으로 가정한다. 따라서 2000년 태어난 여아에게 기대수명이 83세라는 점은 그 세대가 태어나고 완전히 소멸하기까지 (대략 115년 후에) 2000년 한 해 동안 각 연령에서 관찰되는 사망위험에 놓이는 특정 코호트의 여성들이 평균적으로 83년까지 생존한다는 뜻이다. 이와 마찬가지로, 2003년에 여성 1인당 합계출산율이 1.8명이라는 점은 출산이 가능한 재생산기간 전반에 걸쳐서 2000년에 관찰된 연령별출산율을 유지하는 경우, 그 코호트의 최종자녀수가 1.8명이라는 것을 의미한다. 따라서 횡단분석의 경계선을 명확하게 확정하기는 힘들

며, 출산력 연구에 있어서는 특히 그러하다.

출생코호트(같은 해에 태어난 사람의 총수)의 개념이 그 코호트가 동일한 역사적 사건을 체험하는 개개인을 모아놓은 집단이라는 점을 고려한다면 인구학적 행위를 구분하는데 있어서 중요한 요소가 된다. 그러나 코호트의 궁극적 행위는 상당히 뒤늦게야 알 수 있다. 따라서 코호트는 이미 지나간 현실을 반영하는 것이다. 거꾸로 생각하면 횡단분석은 추이의 변동에 따라 장래에 일어날 역사의 영향을 받는다. 횡단분석은 단기간 동안의 사건에 좌우되는 코호트를 대상으로 한다. 즉각적인 현실에 대한 정보를 제공하고 정치지도자들의 관심의 대상이 될 만한 것이 바로 횡단분석인 것이다.

출산연기, 곧 만산화(晚産化)라는 기술적 논쟁에 함몰되어 인구의 실제동향을 파악하지 못한다면, 그것은 아무런 가치가 없는 작업이다. 독일에서 출생아 수는 2005년에는 1900년보다 세배가 많았는데, 이것은 공공정책의 영역에서 유일한 핵심변수로 간주되었다. 서로 다른 출생코호트들은 순차적으로 계승되지만, 그들은 결코 서로 비슷하지 않으며. 또한 "출산계획"은 삶의 환경으로부터 독립적인 성향을 지닌 정태적 현실이 아니라는 사실을 거부하는 것은 아무런 쓸모가 없는 인구분석이라는 점을 염두에 두어야 하겠다.

제3장

통계적 법칙과 규칙성

인구학이 **정밀과학**(精密科學, *la science exacte*)은 아니지만, 그래도 인문학 중에서는 가장 정확한 학문이다. 모든 학문과 마찬가지로 인구학에는 통계적 규칙성이라는 의미에서의 여러 가지 **법칙**(*lois*)이 있다. 먼저 이 법칙 중에 **생물학적 법칙**(*la loi biologique*) 있다. 그 예로 출생성비, 연령별 활동력, 출산빈도를 들 수 있다. 또한 **통계적 법칙**(*la loi statistique*)도 있다. 전체 인구에서 성인이 차지하는 비율의 상대적 불변성에 대한 법칙이 그 예이다. 또한 **역사적 법칙**(*la loi historique*)도 존재한다. 즉, 인구변천 과정의 보편성에 대한 법칙이다. 뿐만 아니라 사회적 규칙성도 존재하는데, 빈곤층에서의 높은 사망률과 중산층의 저출산이 그 예이다.

1. 생물학적 법칙: 약한 성, 강한 연령 그리고 다태아

인구현상은 본질적으로 생물학적 현상이다. 즉, 개개인은 결국 "자신을 선도하면서, 자신의 탄생을 준비해준 생명체들의 긴 사슬의 마지막 고리"에 불과하다[1]. 그러나 성과 연령에 따라서 생존을 하거나 자기증식을 하는데 필요한 자산이 동일하지는 않다.

a. 성: 남아의 초과출산 및 남성의 초과사망

모든 사회와 모든 시대에서 남아의 출생빈도가 여아보다 높게 나타난다. 구체적으로, 이는 인구학에 있어서 제1의 기본법칙에 해당한다. **출생성비(***la proportion des sexes à la naissance***)**, 곧 남아의 출생건수를 여아의 출생건수로 나눈 수치는 인류에 있어서 일종의 상수(常數)가 된다. 출생성비는 상당히 안정적이며, 여아 대비 남아의 비율은 대략 100대 105가 된다. 물론, 여기서 출생성비는 사산아를 제외하고 정상출산만을 기준으로 계산한 수치이다.

출생성비는 예외적인 조건이 있을 경우에만 현격하게 변화한다. 가령, 전쟁, 전염병, 여아 낙태 등이 이러한 예외적인 조건에 해당한다. 출생률이 급격히 저하했다가 다시 회복될 때, 출생성비는 상승한다. 이러한 사실은 상황에 따라 첫 출산을 연기하였다가 갑자기 대량 출산하는 것과 연관이 있다. **장자상속제도**(長子相續制度, *la primogeniture*)는 남아의 출산을 촉진하는 경향이 있다. 또한 이러한 사실은 부

---

1) J. Bourgeois-Pichat, La démographie, Paris, Gallimard, 1971.

부간 연령차이나 심지어는 식습관의 변화와 관련이 있다.

이러한 주목할 만한 출생성비가 일정수준에서 유지되는 생물학적 메커니즘의 원인은 여전히 알려지지 않고 있다. 수태 시점의 남녀 성비에 대해서 확실한 것은 없다. 그러나 출산시점을 경계로 하여 볼 때, 다른 연령대와 마찬가지로 남성이 여성보다 약하다는 것은 잘 알려진 사실이다. 예를 들어, 사산의 비율은 여아보다 남아에게서 높다. 초음파 기술로 인해 이제는 임신 후 6주 만 지나도 출생 전 태아의 성을 식별할 수 있다. 그러나 임신한지 1개월이 지난 후에, 그리고 몇 달이 지난 후에 태아가 자궁 내에서 사망할 확률은 제대로 추정할 수 없다. 인간의 지식은 몇 개의 조그만 임신건수를 표본으로 관찰한 것에 불과하다고 할 수 있다.

> ## Note 3-1 : 일차성비, 이차성비, 삼차성비
>
> 성비는 인구학만이 아니라 생물학에서도 관심의 대상이다. 일차성비는 임신(수태) 시의 성비, 이차성비는 출생 시점의 성비, 삼차성비는 성숙한 유기체의 성비를 가리킨다. 인간은 일차성비는 여아 100명당 남아 120명 정도에 이르고, 출생성비는 여아 100명당 남아 105명이지만, 영아살해나 성선별 인공유산으로 다양한 편차를 보인다. 또, 삼차성비는 인간의 경우, 총인구의 성비를 가지고 파악하는 경우도 있고 연령별 성비 혼인연령에 이른 시점부터의 성비에 관심을 기울인다. 삼차성비는 경제발전이나 사회문화적 특성에 따라서 차이가 있지만, 기대수명이 점점 길어짐에 따라서 여자가 남자보다 많아지는 이른바 여초현상(女超現象)이 많은 나라에서 주류로 자리 잡게 된다.

미래에는 생명공학의 발달, 즉 태아의 성을 미리 선택하는 효율적인 기술의 보급은 출생성비의 변화에 영향을 미칠

것이며, 이러한 성비의 변화는 관행 혹은 사회적 관습에 따라 변동할 것이다. 중국과 인도에서 남아에 비하여 여아의 수가 부족한 사실은 그 예에 해당한다.

남성의 초과사망 - 아프리카, 중국, 인도를 포함한 남부 대륙, 이슬람 국가, 전통 농경사회 등 여아에 대하 심한 성차별이 있는 것이 특징인 몇몇 국가를 제외한다면 남자는 여자보다 출생아 수가 더 많지만, 또한 모든 연령대에서 여자보다 사망률이 높다.

남성의 높은 사망률은 상당한 수준이어서 남아의 출생아 수가 약간 더 많음에도 불구하고 대부분의 국가에서 여자는 남자보다 그 숫자가 많다. 50대가 되자마자 성비는 감소하기 시작한다. 프랑스의 경우 85세경에 여성과 남성의 비율은 2 대 1이며, 95세가 넘어가면 이 수치는 4 대 1이 된다.

성별 사이의 생활 방식이 수렴하면서 남성의 사망률이 줄어들 것 같지만 이와는 반대로 남성의 초과사망은 오히려 지난 세기 이후로 규칙적으로 점점 더 증가하고 있다. 그러나 프랑스 같은 국가에서는 다른 국가에 비해서 이런 변화가 더 급격하게 일어나고 있다. 실제로 출생시 여성의 기대수명은 남성의 기대수명보다 거의 8세가 많다. 2000년의 경우 여성의 기대수명은 82.7세인데 비해 남성은 75.2세였다. 이러한 8년이라는 차이는 비교적 예외적이다. 사실 서구 국가 평균치는 대략 6세이기 때문이다. 그러나 프랑스의 수치는 핀란드, 폴란드, 러시아 등 알코올중독이 만연한 것으로 유명한 국가들보다 높지는 않다. 최근 통계를 볼 때 이러한 수치는 더욱 악화되지는 않고 있다.

세계 주요국의 남녀 간 기대수명의 차이: 2010-2015년 현재

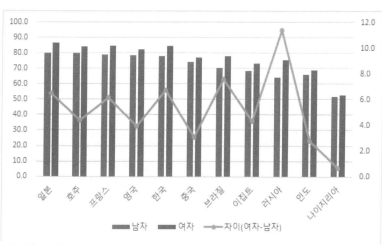

기대수명의 남녀간 차이는 5-6세인 경우가 대부분이다. 전반적으로 부유한 국가일수록 가난한 나라보다 기대수명이 남녀 간에 차이가 나는 정도는 크다고 할 수는 있겠지만, 반드시 그런 것은 아니다. 러시아는 알코올 과다섭취로 남자들에게 발생하는 과다사망은 주목할 만하며, 브라질이나 한국의 경우도 생활습성으로 인한 남녀 간 기대수명의 차이에 관심을 기울일 필요는 있다.

18세기 중반에 남녀 수명 차는 2년 밖에 되지 않았다. 이렇게 여성의 기대수명이 증가하는 이유는 아직 연구된 바가 없다. 만약 일반적으로 남성의 초과사망을 가져오는 요인을 밝혀낼 수 있다고 하더라도, 이 현상의 장기적 악화는 오히려 수수께끼로 남게 될 것이다. 이러한 남성사망률의 악화와 여성과 남성 각각의 생활조건의 변동의 관계는 사실상 명백하게 규명하기가 어렵다.

여성들의 상황에 대해서 두 가지 요인을 들 수 있다. 첫 번째는 출산의 위험성감소로 모성사망률이 감소되는 추세를 들 수 있으며, 두 번째는 현대적 피임법의 발달로 의학적으로 출산을 더 잘 조절할 수 있게 되었다는 점을 들 수 있다. 남성에 있어서 특히 알코올중독 등 흔히 거론되는 논거는 실제로는 남성의 고사망률이 악화되는 이유를 설명하기보다는 고사망률 자체의 이유를 설명하는 것이다. 따라서 이러한 논거를 재검토해 보기 위하여, 다소 밀접한 상호의존관계가 있는 네 개의 요인을 구분할 필요가 있을 것이다. 첫째는 건설 및 교통 관련 직종 등 위험직종의 탄생이다. 둘째는 음주, 흡연, 동물성 지방(脂肪) 과다섭취 등 건강에 해로운 다이어트 습관이다. 셋째는 교통사고, 자살 등 극단적인 형태의 죽음의 위기에 처하게 하는 경향의 극대화이다. 마지막으로는 개인적 노화단계에 있어서 생물학적 면역이 취약해진다는 점이다. 사실 개인적 노화는 외부적 위험의 소멸이라는 사실 때문에 더욱 더 치명적이다.

주요사인(*la principale cause de décès*)으로서 심혈관 질환은 퇴행성과 관련이 있으며, 성인생활 초기에서 기대여명의 성 차이(남성의 사망률은 여성에 비해 적어도 **50%**는 더 높다)는 여성이 생물학적으로 질병에 대한 저항력이 강하다는 가설을 제기한다. 알코올중독, 흡연, 마약중독 등 일부 질병의 요인이 되는 사회행동과 결합되어 이러한 남성의 취약요소는 더욱 더 악화된다. 따라서 생물학적 요인의 작용은 행동의 영향으로부터 분리하기가 어렵다. 이러한 남녀 사망률 차이의 순수 생물학적인 요소는 일반적으로 받아들여지는 것보다는 더 강력한 것 같아 보인다. 왜냐하면 이러한 차이는 어린 나이에서부터 관찰할 수 있기 때문이다. 이러한 현상은 역사적으로 은폐되어 왔을 가능성이 있다. 이러한 차이가 은폐될 수 있었던 것은 여성은 출산에 따른 여성만의 위험으로 인해 사망률이 높았고 음식, 위생, 의료 서비스 등의 영역에서 불평등한 대우를 받았기 때문일 것이다.

b. 연령과 활동력

연령은 사망력의 차이를 가져오는 1차적 요인이다. 출생 시점부터, 사망률이 가장 낮은 8~10세까지 사망의 위험은 계속해서 줄어들게 된다. 또한 8~10세는 **활동력**(活動力, *la vitalité*)이 가장 왕성한 연령이다. 이 연령을 지나면 위험성은 증가한다. 위험성은 처음에는 느리게 증가하다가 60세가 지나면 빠른 속도로 증가하는데. 이는 **생물학적 노화**(生物學的 老化, *le vieillissement biologique*)로 말미암아 인체가 점점 더 쇠약해진다는 것을 의미한다.

연령별 사망곡선의 일반적인 모습은 전체적인 사망수준이나 고려대상이 되는 시대 혹은 국가의 영향과 독립하여 존재하지 않는다. 고대사회에서는 사망률을 통제할 방법이 없으므로 사망률 곡선은 비대칭적인 U자 형태가 된다. 즉, 어린이들과 노인 사망률이 높은 것이다. 그 다음 단계에서는 J곡선을 그리게 된다. 오늘날 일본, 중국, 서구 국가 등 선진국에서는 사망률은 해변침대(transat)[1]와 같은 모양의 곡선을 그리게 된다. 즉, 사망률은 60~70세 이전에는 무한히 낮고, 성별에 따라서도 달라진다. 상당히 초기에 생명표를 작성할 수 있도록 영감을 준 것은 이러한 연령과 생존확률 사이의 이러한 관계가 명확하게 규명되어 있었기 때문이다. 사망률은 1662년에 그런트(John Graunt)가 처음 고안해냈는데, 이러한 아이디어와 더불어 인구학은 학문으로서 거듭나는 계기가 되었다. 17세기까지만 해도 죽음이 천형(天刑)으로 취급되면서, 사망력은 인간의 지식으로 도달할 수 있는 법칙의 지배를 벗어나고 있었다.

인간이 더 나이가 들게 되면, 가령 105~11세 이후에 연간 사망위험은 차츰 100%에 근접하게 되고, 이를 통하여 인간의 수명에 대한 한계연령(âge limite)을 확인하여 볼 수 있다. 고령 사망자에 대한 믿을 만한 통계자료가 있는 국가에서 이 한계수명을 경험적으로 측정할 수 있다. **선진국의**

---

1) 'trransat'는 신조어로서 끝이 약간 기울어지고 목과 머리까지 올라오는 해변 침대. 영어로는 'rockingchair'라고 한다.

경우에도 전통사회 에 비해 세 배 증가한 인간의 기대수명 과 비교할 때 인류의 한계수명은 시간이 지나면서 별로 변 한 것 같지는 않다. 인구동태통계 자료에 등록된 사람 들 중에서 가장 수명이 긴 경우는 110에서 115세 정도까지 살 았다. 이러한 수치는 인간의 생물학적 한계를 의미하는 듯 하다. 1997년에 122세로 사망한 프랑스 사람 잔 칼망 (*Jeanne Calment*)의 경우는 예외적인 유전적, 사회적 조합 의 결과인 것 같다) 코카서스 지방이나 안데스 지방 같은 곳에서 기록되고, 일부 100세 이상 노인에 대해서 보존되 고 있는 생존기록은(이 경우 심지어는 150세까지 사는 사

Note 3-2: 노화

노화(老化)는 인구구조의 고령화와는 달리 보통 개인수준의 생물학적 과정이며, 인생, 사람의 일생의 라이프 스팬의 후반을 특별히 지칭하는 것으로, 그 전반은, 그 경우 「성장 」이라고 하게 되지만, 엄밀하게는, 에이징은 그대로의 영어로 말 하면, **age**(나이)를 먹는 것, 즉 가령(加齡)이다. 이 의미를 고집한다면, 인간은 탄 생의 순간부터 그 인생의 마지막 때까지, 세포조직 수준에서는 항상 낡은 세포조 직은 죽고 항상 새로운 것과 바뀌어 가는 것으로, 유아, 아이의 단계로부터 벌써 에이징은 시작되어 있는 것도 할 수 있다. 고령사회의 진전과 함께, 에이징에의 관심은 급속히 부풀어 올라, 번역서를 포함하여 에이징이 주제가 되는 서적의 출 판이 증가하고 있다. 또 노화에 저항, 대항한다고 하는 의미로, **anti-aging** 말도 근년, 갑자기 사용되게 되었다. 가령 관련성의 질환을 예방하거나 치료하는 의료 는 항(抗) 노화의학으로 불리고 있다. 수명 연장은 노화를 억제하거나 노화에 역 행하도록 하여 최고 혹은 평균 수명을 늘리는 것을 의미한다. 수명 연장을 위해서 진시황의 불로초 탐색부터 시작하여 다양한 방법이 시도되어 왔으나 현재까지 그 효과가 입증된 유일한 방법은 칼로리 섭취의 제한이다. 이 방법은 효모(**enzyme**) 로부터 시작하여 선충, 초파리, 어류, 실험용 쥐에 이르기까지 **30%**부터 **60%**까지 수명을 연장하였다. 인간의 기대수명이 **70**세라고 할 때, **90**세부터 **112**세까지로 기 대수명이 연장된다는 것이다

람도 있다) 인구동태통계가 존재하지 않거나 불완전한 지역에서 나이를 과장하는 현상에 속한다. 신뢰성이 있는 통계자료가 있는 지역에서 한계수명은 양차 대전 이후 약간 증가하여, 즉 3~4년 정도에 이르고 있다.

사망력에 대한 방정식은 출산력의 방정식보다 더 일찍부터 시도되었다. 죽음은 도처에 존재해 있었으며 인간의 의식에 강박관념을 심어주었다. 유배우 출산력에 관련된 법칙은 19세기 말에 이르러서야 어렴풋이 나타나게 되었다. 가령, **가임력(可姙力)은 의도적으로 산아제한을 하지 않는 인구에서, 여자의 연령의 함수이다. 가임력은 사춘기부터 20세 경 사이에 상대적으로 높고, 20세에서 35세까지 최고치에 달했다가 그 후에는 나이를 먹으면서 점점 줄어든다. 이러한 평균치는 불임(不姙, _la stérilité_)이라는 특정한 현상을 은폐하고 있는 것이다.**

가임력은 실제의 출산에 영향을 줄 수 있는 생물학적·생리학적으로 잠재된 능력이다. 연령은 피임을 하지 않는 경우, 가임력의 상실 곧 불임을 결정할 수 있는 중요한 요소이다. 거의 모든 여성들이 사춘기가 얼마 지나지 않아 출산하는 경향이 있으며, 거의 대부분은 50세가 되면 불임기에 다다른다. 그러나 이러한 연령에 따른 가혹한 가임력의 변화에 대한 법칙은 잘 알려지지 않았다. 몇 개의 이유가 모여서 이러한 연령에 따른 **'가임력의 감소'** (그리고 나서 출산력의 감소에 대해서도)를 설명할 수 있을 것이다. 영구불

출산과정의 개념도

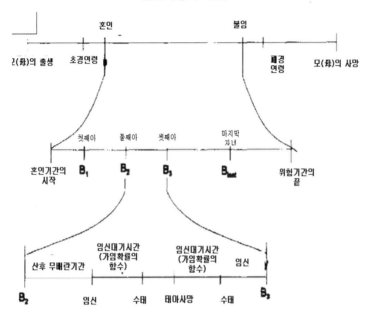

임인 여성(혹은 더 정확하게 말하자면 불임부부)의 비율이 증가하고 있다. 여전히 가임력을 지니고 있는 여성(정확히는, 부부) 중 연령에 따라서 **임신확률**(*fécondabilité*)(월경주기별 임신의 확률)은 감소한다. **산후무배란(불임)기간**(*le temps mort*: 임신 후 여성이 임신할 수 없는 시기)은 늘어나고, 자궁내 태아사망률 자체도 증가한다. 어떠한 과정 때문에, 또한 사산율과 **선천적 기형**(*les malformations congénitales*)이 산모의 연령에 따라 증가하는 것일까?

여기서 측정하고자 하는 것은 엄밀히 말해 여성만의 불임이 아니라 여성이 자신의 배우자와 함께 형성하는 부부의 불임이다. 오늘날 젊은 부부 사이에 불임률이 대략 **3~5%**에 이르는 것으로 추정하고 있다. 이러한 불임률의 추정작업에서는 여성, 남성 그리고 부부의 불임확률이 있어서 평등하게 분포되어 있다고 가정하고 있다.

여성들은 **40**세에 신체적으로 일종의 검역기간에 들어선다. 그 이유는 **40**세 이후 **2/3** 이상이 여전히 아이를 낳을 수 있지만 **50**세에는 그 비율이 사실상 제로가 되기 때문이다. 물론 생활여건의 향상 (영양, 위생, 의료 서비스)으로 인해 **초경연령**(初經年齡, *l'âge aux premières régles*)이 빨라지고 **폐경연령**(閉經年齡, *l'âge à ls ménopause*)이 느려짐으로서 가임기가 길어지게 되었다.

같은 빈도의 성행위에 대해서도, 임신확률(피임을 하지 않은 상태에서 월경주기별 임신의 확률)은 부부의 연령에 따라 차이가 크다. **20~30**대 부부를 대상으로 측정한 (아마도 과소평가된 것이 분명한) 가장 높은 임신확률은 대략 **30%**이다. 달리 말하면 혼인한 부부가 피임을 중단하고, 아이를 낳으려고 결심하게 되면 그 다음 달에 기대하는 결과를 얻을 수 있는 확률, 즉 임신할 수 있는 확률이 **1/3** 정도가 된다는 것이다. 평균적으로 임신을 하는데 기다리는 최소기간은 **3**개월이다.

인구연구에서 생물학 분야가 차지하는 비중은 지난 세기에 실증주의자들이 생각했던 것만큼 크지는 않다. 몇 세기 이래 출생과 사망은 일정하게 일어난 나머지 생물학적 결정론에 속하는 것처럼 보이기까지 한다. 출생에 대해서는 사춘기와 폐경기의 연령 그리고 인생에 걸쳐서 임신확률의 변화(이러한 요소들이 생활방식의 영향을 받는다는 것은 이미 알려진 사실이다) 외에는 거의 상관이 없다. 그러나 **'미시적 생물학의 진전'**(*les progres de la microbiologie*)은 엄청난 것이어서 기존의 고전적 설명들은 **유전자 정보와 환경 및 행동 요인 사이의 복잡한 상호작용**을 명확하게 규정하는, 뉘앙스가 더욱 풍부한 새로운 해석으로 대체되었다. .

c. 다태아 또는 쌍둥이 출산

다태아(多胎兒, *la multiparité*)의 빈도는 오래 전부터 알려진(19세기 이래, 특히 유럽에서) 통계적 규칙성에 따른다. 다태아(쌍둥이의 출산)의 비율은 대략 100명당 1명이다. 또한 세쌍둥이를 낳는 비율은10,000명 중에 한 명이며, 네쌍둥이가 태어날 확률은 백만 명중의 한 명이다. 달리 말하면 쌍둥이 수가 늘어날 때마다 1/100을 곱하는 식으로 확률이 변하게 된다. 그러나 불임치료는 다태아의 출산확률을 상당히 늘릴 것이다. 생물학적 법칙에 대한 메커니즘을 알려져 있지 않으나 **보조생식의료기술**(補助生殖醫療技術, *la procréation médicalement assisteée*), 선별적 유산

(*avortement de convenance*), 원치 않은 태아의 임신중절 등 의료기술의 발달로, 다태아의 출산확률은 상당히 변화하게 될 것이다.

Note 3-3: 보조생식의료기술

영어로는 "Assisted Reproductive Technology", 간단히 **ART**라 불리는 보조생식의료기술은 불임치료에 광범하게 사용되어 왔으며, 이것은 보통 인위적으로 임신확률을 증가시키는 모든 의료기술을 가리킨다. 구체적으로 체외수정(in vitro fertilization)과 이를 상황에 따라 적절하게 변형하여 응용하는 방법이 대부분이다. 불임치료에는 종교적, 윤리적 문제가 수반되고, 체외수정의 경우는 그것이 실제 출산으로 효과적으로 연결되어야 하겠지만, 항상 시술비용이 상당히 비싸다는 것이 문제이다.. 이 때문에, 공적 부조의 필요성이 제기되기도 한다. 또 체외수정에서 생겨날 수 있는 문제점으로 다태아의 위험성이 지적되기도 한다. 특히, 자연불임을 극복하기 위한 생식세포와 인간배아(human embryos)에 대한 의료기술은 현재에도 수많은 윤리적 논쟁을 불러일으키고 있다. 가령 종교적 신념을 가진 사람들은 인간배아가 잠재적인 인간으로서의 가치를 가지기 때문에 생식의료기술의 이용과 발전에 소모되는 것을 반대한다. 그러나 배아나 태아를 인간보다 낮은 단계로 생각하는 사람들은 생식을 돕기 위하여 배아를 신중하게 계획한 후 이용한다면 그것은 가능한 일이라고 말하고 있다.

---

2. 역사적 법칙: 인구변천

지구상 인구의 증가는 단계적으로 이루어졌다. 지구의 인구는 급속도로 증가하는 단계를 거쳤는데, 이는 특히 지난 세기동안 그러했다. 다음은 여러 다른 세기에 살았던 인간의 수의 변화이다.

기원전/후(BC/AD)	연도	인구(단위: 100만 명)
BC	10000	1

BC	1000	340
AD	1650	545
AD	1750	728
AD	1800	907
AD	1850	1,175
AD	1900	1,620
AD	1950	2,476
AD	2005	6,454

여기서 볼 수 있는 것은 인구가 지수(指數)적으로 증가한다는 것이다. 1999년 이후 세계 인구는 6십억을 넘어섰다[2]. 이러한 역사적 자료의 축적이 시사하는 바는 적어도 지난 몇 세기에 있어서는 맬서스가 설명한 그 유명한 기하학적 증가에 해당하는 지속적이고 피할 수 없는 급증이다. 이러한 인구증가는 특히 자연자원의 개발에 있어서 인간이 축적한 성과들을 설명해 주지만 인간의 수의 증가라는 측면에서의 인구증가는 즉각적으로 그것에 부여할 수 있는 운명적인 성격을 띠지는 않는다.

제1차 대전과 제2차 대전, 곧 양차대전 사이에 유럽과 북미의 인구학자들은 현대의 인구성장의 진정한 성향을 파악하기 시작하였다. 유럽에서의 2세기 간의 인구성장에 대한

---

2) 2015년 개정판 유엔 장래인구전망(World Population Prospects, 2015 Revision)에 의하면, 세계인구는 2015년 현재 75억에 근접하는 것으로 추정되고 있다.

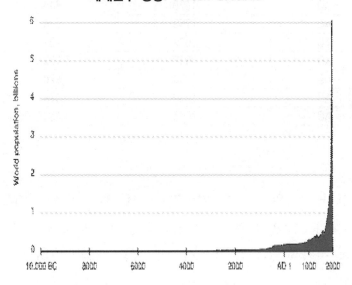

연구로 인해 이제 인구변화를 설명하는 모형을 확립할 수
있게 되었다. 그것은 즉, **인구변천**(*la transition
démographique*)이다. 그런데 이 모형에 따르면 현대의 모
든 인구는 기하급수적으로 계속 증가하는 곡선이 아니라,
중간지점에서 정점을 이루는 곡선을 보여준다. 즉, 처음에
는 가속도가 붙어서 증가하나 점점 속도가 줄어서 증가속
도는 미미해지고, 심지어는 인구가 감소하기도 한다. 이러
한 인구변동의 메커니즘은 유럽의 역사적 경험에 의해서
명백해졌으며, 그 이후 보편적인 것으로 밝혀지게 되었다.
이런 맥락에서 세계인구의 성장리듬이 **1960**년에 절정에 도
달하였으며 그 이후 점진적으로 감소하는 것을 볼 수 있다.

즉, 이제 최고의 성장단계는 지났다고 말 할 수 있다.

이와 같이 모든 인구는 현대사회에서 근본적으로 같은 역사적 법칙에 따르게 된다. 즉, 이 법칙이란 인구변천이다. 이러한 현상은 원칙적으로 보편적이며, 그 양상에만 차이가 있다. **출산행태 근대화**(*la modernisation de comportements reproductif*)의 장기적 단계들의 특징은 사망을 점진적으로 통제할 수 있게 되었다는 것이며, 이는 해외이민과 함께 인구성장률의 상승 혹은 **인구폭발**(人口爆發, *le explosion démographique*)의 시기라는 보여준다. 우리는 이 단계를 지나면서 점진적으로 삶을 통제할 수 있게 되었다. 즉, 이 시기는 인구증가가 감소하고, 고령자 인구의 비중이 상대적으로 증가하는 인구고령화가 일어나는 시기이며, **인구내폭**(人口內爆, *le implosion démographique*)의 시대라고 부를 수 있다. 이러한 시기에 걸쳐서 모든 인구는 비슷한 변화 도표를 보이게 된다. 인구증가율은 **벨 모양의 곡선**(*une courbe en cloche*)과 유사하다. 그러나 이 종의 모양은 각국의 특이한 경험에 따라 달라지며, 특히 역사적으로 시기에 따라 더욱 달라진다.

대륙이동 - 세계인구의 성장은 오랫동안 유럽인구의 급증에 의하여 지배되어 왔다. 이러한 인구증가는 즉, 유럽 내에서의 인구증가나 북미나 남미 같은 유럽인들이 대거 이동한 지역에서 나타났다. 아시아 지역의 인구증가율이 유럽을 능가한 것은 양차대전 간이 되어서이다. 그러나 1960년대 이후 이 두 지역 간의 인구증가율 격차는 벌어지게 되었고, 유럽은 뒤쳐지게 되었다. 아시아와 남미는 최대증가율의 단계를 거치게 되었다. 중국, 인도, 인도네시아, 브라질, 멕시코 등 이 대륙에서 가장 규모가 큰 국가들에서 최근 출산율이 감소하면서 인구증가율은 감소하기 시작했다. 그래도 몇 십 년 동안 높은 수준의 인구증가가 계속되고 있는데, 이는 연령구조에서 젊은 층이 도달한 수 때문이다. 사하라이남 지역인 '블랙 아프리카(Black Africa)'에서는 아직도 사망률이 높은데 인구변천은 이제 시작단계에 불과하고 인구성장은 과거보다는 미래의 영역에 속하는 편이다. 이 지역은 지금까지는 물론 앞으로도 가장 높은 **인구성장의 잠재력**(*la potentiel d'accroissement démographique*)을 지니고 있는 대륙이다.

3. 통계적 법칙: 성인비율의 대체적인 불변성

모든 인구에서 성인의 비율은 거의 변하지 않는다. 20~60세에 해당하는 성인인구의 구성비를 살펴보면 강한 역사적 격변에 따른 예외를 제외를 제외하면, 그 수치는 대략 전체 인구의 절반을 차지한다. 이러한 성인 비율의 상대적인 불변성을 20세기 초에 경험상으로 처음 파악한 사람은 스웨덴의 통계학자인 G. 선드바르그(G. Sundbärg)[3]이다. 하지만

Note 3-4: 선드바르그의 법칙

영국 왕립통계학회(Royal Statistical Soceity)'은 1907년 스웨덴의 구스타프 선드바르그의 『스웨덴의 인구통계』(Bevolkerungstatistik Schwedens)라는 저서를 주목하고 있다.. 선드바르그는 이 책에서 3 종류의 연령피라미드를 구분하였는데, 그것이 바로 성장형(成長形), 정지형(靜止形), 퇴행형(退行形)이다.

	성장형	정지형	퇴행형
0-14세	400	265	200
15-49세	500	505	500
50세	100	230	300

선드바르그는 당시 인구학의 두 오류를 비판한다. 먼저, 15세 미만 유소년 인구의 구성비는 사망률에 의하여 결정되고, 50세 이상 고령자(당시 기준)의 구성비는 기대수명의 상승 때문에 일어난다는 주장이다. 그는 이것은 잘못된 생각이며, 50세 이상 고령자가 증가하는 것은 사망률의 감소 때문이 아니라 자연증가율, 곧 출산율의 감소에 기인한다는 사실을 지적하였다. 제2의 오류는 연령구조의 차이는 인구이동에 기인한다는 주장이다. 이것은 분명히 잘못이며, 출산율이나 혼인율이 정상인 경우에, 대규모의 이민이 발생한다고 하더라도 15~49세의 구성비를 변화시키는 것은 사실상 불가능하다고 주장한다.

선드바르그는 당시에 그 원인이 되는 메커니즘은 제대로 파악하지는 못했다. 여기서는 그 원인은 구체적으로 인구변천이 관건이 된다고 할 수 있다. 모든 것은 고사망, 고출산에서 저사망, 저출산으로 가는 100년 동안의 과정을 통해 어린이들은 고령자들에 의해 통계학적으로 대체된 결과 청년층과 노인층 간의 상대적인 총수는 거의 변하지 않는다. 그러나 연령피라미드는 전혀 다른 양상을 띤다. 인구변천의 연속적인 단계에서 연령분포는 기존의 삼각형 형태(다산다

---

3) G. Sundbärg, Aperçus statistiques internationaux), Stockholm, Imprimerie royale, 1908, 표 6 을 참고할 것.

사)에서 직사각형 모양(출산율이 인구 대체수준에 근접한 상태며 어린이와 성인의 사망률이 상당히 낮은 상태)으로 변해간다. 또한 결국에는 고령자층의 상당한 수명연장과 더불어 출산율이 대체수준 이하로 장기간 떨어질 때 사다리꼴(밑 부분은 수축하고, 위 부분은 팽창하는 형태) 형태를 띠게 된다. 연령피라미드는 이런 식으로 연령축의 중심을 기준으로 하여 상하가 역전된다. 그러나 이러한 연령축의 상대적인 무게는 대략적으로 일정하게 된다. 이것이 선드바르그의 법칙이다. 청년층 (20~40세) 비율의 감소는 장년층 (40~60세)의 증가로 보충이 된다. 그러나 계속해서 비율 면에서 보면 유소년 인구수의 감소는 고령자 인구수의 증가보다 커지게 된다. 여기서 **연령피라미드의 역전**(*la inversion de la pyramide des âge*)이 일어나게 된다. 즉, 인구의 고령화 수준은 상당한 것이어서 산업화를 경험한 국가에서는 차츰 고령자 인구수가 유소년 인구수보다 많아지고 있으며. 이러한 변화는 수적으로 만회될 수 없는 정도에 이르고 있다.

4. 사회적 규칙성

a. 빈곤층의 초과사망

인구의 사회적·직업적 특성은 빠르게 변화하고 있다. 농부 등 육체노동을 하는 직업은 줄어드는 반면 사무직은 급증하고 있다. 선진국들을 보면, 현역노동자 가구가 퇴직자 가구보다 그 수가 적다. 퇴직자 수는 한창 급증하고 있어서 예를 들어 프랑스에서는 퇴직자 가구가 전체 가구의 **1/4**을 차지한다. 또 네 개의 직종 즉, 기술공과 같은 중간급 직종, 간부, 서비스 종사자 그리고 시간제 노동자(그리고 때로는 실업자조차도 포함된다) 등의 비율이 성장세를 보이고 있다. 삶의 방식에 동질화가 일어났는데, 그 이유로는 도시화, 편리한 가전제품(家電製品)의 확산, 대중문화의 발달 등을 들 수 있다. 반면 지난 세기에 이미 관찰된바 있으며, 영양공급, 주거공간, 난방 등의 차이에도 그 원인이 있는 부국과 빈국 사이의 사망률 차이는 여전히 사라지지 않고 있다. 이는 인간사회의 영구적인 특징으로 보인다. 게다가 최근에 이르러 사회보장정책의 괄목할만한 발전에도 불구하고, 육체노동을 하는 직업과 그렇지 않은 직업 간에 죽음에 맞서는 방식에 대한 불평등은 더욱 더 증폭되었다. 이 모든 것은 의학발전의 가속도가 정보에 밝은 직업집단과 무지에 가까운 직업집단 사이에 새로운 거리를 형성하는 것과도 같은 방식으로 진행된다.

죽음에 직면해서도 가장 강한 사회적 불평등이 존재하는 곳은 가난한 나라 안에서이다. 그 이유는 새로운 치료방법의 혜택에 접근할 수 있는 서구화된 도시 엘리트들의 극도로 발전한 의료여건과 이러한 혜택에서 소외된 가장 가난

Note 3-5: 빈곤문제

빈곤은 그 자체가 사람들에게 있어서 전혀 바람직하지 않은 것이다. 더욱이, 빈곤은 생활에 크게 관련되고 있기 때문에, 넓은 분야에 있고 영향을 주고 있어 다양한 문제의 요인이 되고 있다. 그 중에서 질병, 기아, 수명단축, 그리고 환경파괴의 문제는 심각하다.

현저한 빈곤은 질병, 기아, 수명단축을 가져온다. 빈곤으로 충분한 식량, 청결한 물, 필요한 의약품 등을 얻을 수 없는 경우, 많은 사람들(특히 영유아)에게 각종 질병이 초래된다. 그 중에는 난치병도 있지만, 많은 사람들은 설사에 의한 탈수증상, 백일해, 폐렴, 말라리아 등의 치료 가능한 질병으로 죽어가고 있다. 또, 기아로 죽거나 영양부족으로 실명하거나 요오드결핍증 등으로 고통을 당할 수 있다.

이러한 상황은 유아 사망률이나 기대수명에도 나타나고 있다. 예를 들면 선진국에 있고는 유아의 사망자수는 유아 1000명에 대해서 10명 이하이지만, 일인당 GDP의 가장 낮은 나라 20개국을 보면, 그 유아 사망률의 평균은 1000명에 대해서 100명 이상이 된다. 또, 선진국의 기대수명은 모두 75세를 넘지만, 앞의 20개국의 평균은 50세를 밑돈다.

빈곤은 장래를 내다보는 환경보호 등은 뒷전으로 되어 현재의 이익을 얻기 위해서 자연파괴를 야기하기 쉽다. 자연 파괴는 합법적인 것인 경우도 비합법적 경우도 있지만, 삼림을 과도하게 벌채해 목재를 이용하거나 과잉인 화전이나 방목, 농경에 적합하지 않는 토지의 개간을 해 결국 사막화를 부르거나 한다. 또 동식물의 밀렵이 이루어지거나 대기오염이나 수질오염이 용인된다. 이것들에 의해, 자연 환경이나 생태계가 파괴되게 된다. 긴 안목으로 보면, 결국 그 자연 파괴나 생태계 파괴는 농지·목초지의 파괴나 병, 수해 등의 자연재해를 가져와, 그 지역의 한층 더 빈곤을 부르는 경우도 많다.

한 층에서의 시대에 뒤떨어진 의료여건이 공존하고 있기 때문이다.

남자들은 그들의 수명이 상대적으로 짧기는 하지만, 사회적 불평등의 영향을 여성들보다 훨씬 더 많이 받는 것으로 나타난다. 예를 들어, 프랑스에서는 여성의 경우 사회적 여건에 따른 따는 수명의 차이는 대략 남성의 경우에 비해 두 배가 적은 것으로 나타난다.

b. 부국들의 저출산4)

우선 보기에도 소득수준이 출산율에 미치는 영향은 애매모
호하다. 결과적으로 이러한 영향에 대하여 상호 모순된 이
론이 나오게 되었다. 첫 번째 이론에는 맬서스의 이름이 연
결되어 있는데, 이 이론에 의하면 경제발전은 출산율을 촉
진시킨다. 즉, 노동수요가 증대하면, 그것이 혼인과 가족형
성을 촉진한다. 이는 산업혁명 당시 영국의 경우에 해당한
다. 한편, 인구변천의 이론은 정반대의 가설에 기반을 두고
있다. 점진적으로 삶의 수준을 높이면서 경제성장은 인간을
변화시키고, 더 나은 복지에 대한 열망을 불러일으키게 한
다. 따라서 경제성장은 새로운 긴급수요를 창출하고, 이러
한 긴급수요로 말미암아 조만간 자녀수를 제한하는 쪽으로
기울게 된다. 두 가설 모두 나름대로 정확하다는 점이 드러
난다. 그 이유는 이 이론들은 서로 다른 역사적 단계에 적
용되기 때문이다. 예를 들어 맬서스의 관점은 전통사회의
경우에만 그대로 적용될 수 있을 것이다. **"세련되지 못하**

---

4) 여기에서 저자는 부유한 선진국들 중에서 상대적으로 낮은 출산율과 대
단히 낮은 출산율의 체제를 가진 나라들을 별도로 구분하지는 않고 있다.
아시아의 한국, 일본, 싱가포르, 홍콩, 대만과 같은 새로운 선진국과 유럽의
남부지역인 이탈리아, 스페인 등에서 나타난 대단히 낮은 저출산, 곧 초저
출산(lowest-low fertility)의 체제에 대해서는 그리 큰 관심을 기울이지 않
고 있다.

고, 긴급수요가 거의 없는 인간복지의 첫째 단계는 재생산
능력의 개선을 지향한다. 그러나 다음 단계의 복지, 교육,
민주주의 정서는 오히려 이러한 재생산 능력을 위축하는
것이 된다."[5]

일반적으로 출산율은 빈곤층이 부유층보다 높다.

---

5) Leroy-Beaulieu, *La question de la population*, Alcan, 1913.

제4장

인구변천

인구변천(*la transition démographique*)이란 다산다사(고출산·고사망)의 높은 수준의 준(準) 균형상태 (quasi-équilibre)에 해당하는 낡은 인구체제에서 소산소사 (저출산·저사망)의 낮은 수준의 준(準) 균형상태에 해당하는 근대적 인구체제(un régime moderne)로의 이행을 의미한다.

1. 원리의 보편성, 형태의 다양성

전통적 농경사회에서 볼 수 있는 인구변동의 특징은 시계열적으로 거의 균형상태를 이룰 정도로 완만한 성장이 일어나지만, 때때로 그 변화가 불안정하다는 점이다. 즉, 높은 사망률이 높은 출산율을 상쇄하기는 하지만, 높은 사망률의 위력은 극히 난폭한 재난의 영향을 받기 때문에 때로는 무시무시할 정도이다. 그 예로 전쟁, 기근(饑饉, famines), 전염병(épidémics) 등을 들 수 있다. 사실상 상당히 높은 수준의 출산율은 인간집단의 생존을 위한 조건이었다. 따라서 출산에 대한 의식(儀式)이 전통 종교와 문명에서 항상 존재하였던 것이다. 인구조절은 재난으로 인한 주기적인 사망률의 급증을 통하여 이루어졌다. 맬서스 이론에 따르면, 이러한 높은 사망률은 인구가 지속가능한 수준으로 복귀하는데 도움을 주었다. 인간이 자신의 운명을 바꾸는 사용할 수 있는 과학적 의학은 존재하지 않았다. 죽음에 맞서 싸운다는 생각은 없었으며, 심지어 의학을 불경스러운 것으로 간주하기도 하였다. 이것이 조물주의 순리에 대한 복종이라고 할 수 있었다. 그러나 르네상스 시기부터 조금씩 이러한 운명론적 사고는 쇠퇴하기 시작하였고, 인류공동체는 오래 전부터 존재해온 재앙에 맞서서 공동의 투쟁을 시작했다. 이렇게 재앙으로 인한 사망이 없어지면서 전반적인 사망률의 장기적인 감소단계가 뒤따랐다. 과학기술의 발전에 힘입어 전염병과 맞서 싸우고, 식품안전을 보장할 수 있게 되었기 때문이다.

이러는 동안에도 출산율은 종전의 전통적 수준을 유지하였으며, 그 수준은 집단의 생존(여성 한명 당 5~6 명의 자녀)을 보장하는데 도움을 주었다. 이로 인한 인구압력(la pression démographique) 특히 현대 경제성장에 연관된 사회경제적 구조의 변화(산업화, 도시화, 교육수준 향상, 자녀양육비의 증가 등)와 함께 출산율 자체가 환경의 변화에 적응하게 되었고, 결국 출산율은 낮은 수준으로 수렴하기

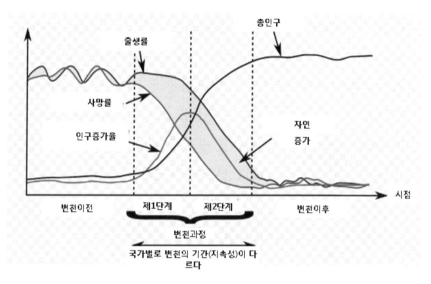

인구변천의 모형

총인구

출생률

사망률

인구증가율

자연
증가

시점

변천이전 | 제1단계 | 제2단계 | 변천이후

변천과정

국가별로 변천의 기간(지속성)이 다르다

시작하였다. 합계출산율은 심지어는 여자 1인당 2.1명에 해
당하는 대체수준(seuil de replacement des générations)을
밑도는 정도로 감소할 수도 있었다. 또한 출국이민이 입국
이민(인구변천이 진전되지 않은 개발도상국을 출발지로 하
는 경우가 많음)으로 대체되면서 이민의 흐름은 역류하게
되었다. 오늘날 예를 들어, 구대륙의 유럽 국가들이 거치고
있는 것은 낮은 수준의 균형상태라고 할 수 있다. 이러한
후기 단계의 인구변화는 심지어는 상당해서 출산율 저조가
상당한 수준이며 상당수의 국가가 이미 인구감소의 위험에
직면하고 있다. 높은 수준의 균형상태에 있는 전통사회와
낮은 수준의 균형상태에 있는 현대사회 사이에는 불균형적

인 '이행' (déséquilibre transitoire) 단계가 존재하기 마련
이다. 때로는 이 단계는 1~2세기 동안 지속되기도 한다. 이
러한 이행단계의 특징은 인구성장이 다소 높다는 점이며,
이러한 인구성장을 인구변천이라고 명명한다.

전 세계의 개별 국가들은 인구변천의 과정에 있어서 상당
히 다양한 단계에 위치하고 있다. 그러나 사망률 감소추세
가 세계 전체에 확산된다면, 출산율 감소에 대해서도 사정

그림 2. 인구변천의 단계

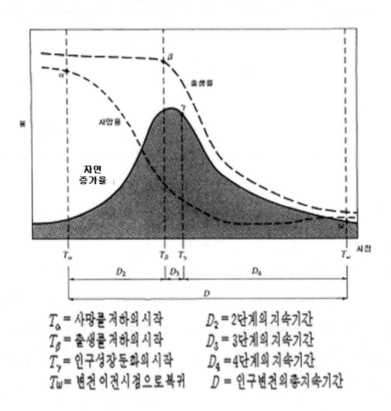

T_α = 사망률 저하의 시작 D_2 = 2단계의 지속기간
T_β = 출생률 저하의 시작 D_3 = 3단계의 지속기간
T_γ = 인구성장둔화의 시작 D_4 = 4단계의 지속기간
T_ω = 변천 이전시점으로복귀 D = 인구변천의종지속기간

이 마찬가지이지는 않을 것이다. 곧 개발도상국들의 출산력 수준이 상당히 범위가 넓은 연속선상에서 배열되어 있고 이러한 연속체는 극히 미미한 출산율의 차이만을 포함하는 데 불과하여, 선후진국을 구분하는 고전적인 명명법이 의미를 상실하기 때문에, 선진국과 개발도상국 간의 출산력 격차는 그 중요성을 점점 상실하게 될 것이다.

인구변천이 진행되고 무르익는 상황은 국가마다 기술, 문화적 유산, 세계로의 개방화(開放化)의 정도에 따라 큰 차이가 있을 수 있다. 따라서 원칙의 일반성은 형태의 다양성을 배재하지는 않는다. 종 모양의 곡선(그림 2)은 전환기의 인구성장률을 그리고 있는데, 이 곡선은 다소 큰 편이다.

따라서 해당 인구의 급증을 보여주는 것은 이 종의 면적이다. **일반적으로 인구변천이 지연될수록, 인구증가는 훨씬 큰 폭으로 일어난다.** 개발도상국은 선진세계에서 지난 몇십 년간 축적된 의학발전의 혜택을 향유하여 왔다. 이러한 국가에서 사망률의 감소는 갑작스러우면서도 빠른 속도로 진행된다. 따라서 개방도상국의 경우 인구의 정점성장률은 일반적으로 유럽의 전통사회에서보다 **2~3배** 높다.

사망률 감소와 출산율 감소 사이의 지체기간은 길어질 수 있으며, 이슬람 국가 혹은 아프리카 등 여성의 지위가 장기간 전통적 관습의 영향을 받는 일부 문명에서는 특히 그렇다. 마침내 연령피라미드는 가임연령(15~49세) 인구를 크게 증가시키면서 인구성장의 둔화를 억제하거나 지연하는 경향이 있다. 환언하면, **인구변천의 과정에서 성장 폭은 이 과정의 연속해서 일어나는 단계들의 기간(팽창, 정점도달, 성장수축)에 좌우된다.** 이러한 기간의 지속성은 사망률과 출생률 감소의 각각의 속도와 '정점성장률', 곧 해당인구의 최고성장 수준에 의해서도 좌우된다.

물론, 위의 곡선은 변천 후의 단계에서 인구감소가 더욱 더 일어날 수도 있다는 가능성은 염두에 두지 않고 도식화한 것이라는 점을 기억하기 바란다.

Note 4-1 : 제2의 인구변천

구미선진국, 특히 유럽에서 고전적 인구변천이 끝나고 출산율과 사망률의 차이가 사라져서 인구성장률이 제로에 도달할 것이라는 주장에 의문이 생겨났다. 인구대체를 불가능하게 하는 저출산 시대가 시작되고, 고령사망률의 저하와 함께 기대수명이 지속적으로 증가하여, '인생 80세 또는 90세'라는 장수화 시대에 진입하였다. 저출산과 장수화(長壽化) 곧 기대수명의 증가는 인구의 급격한 고령화를 가져온다. 또 인구감소의 시대가 조만간 시작된다. 곧 이러한 저출산, 장수화, 고령화, 인구감소의 4중주는 이제 일시적인 사건들이 아니라 제1의 인구변천을 넘어서 제2의 인구변천이 도래했다는 의견이 팽배하는 결과를 가져왔다. 제2의 인구변천을 고전적 인구변천과 구별해야 하는 이유는 많을 수 있다. 먼저, 인구변천에서는 사망력이 인구균형을 파괴하는데 반하여, 제2의 인구변천에서는 출산력이 장기인구전망에 불확실성을 낳는 요인이 되고 있다. 또, 출산율 상승이 아닌 노동력 수입으로 인구감소 시대에 대응하려는 노력도 보이기 시작하였다. 실제, 구미 선진국과 한국·일본 등 동북아시아에서 혼인이나 노동을 목적으로 하는 외국인의 유입도 빠른 속도로 증가하였다.

---

2. 인구변천승수

우리는 이러한 인구변동의 최종결과를 하나의 종합지수로 요약할 수 있다. 이 지수는 총인구의 **변천승수(**變遷乘數, *le multiplicateur transitionnel de population*)라고 부른다. 이

지수는 인구변천의 과정에서 발생하는 인구증가의 정도를 측정한다.

이 지수의 값은 각 경우마다 상당히 차이가 있다. 만약 19세기에 인구변천이 일어났다고 가정한다면 이 승수는 세계적 수준에서 8 정도의 수치에 이르게 될 것이다. 실제로 유엔과 세계은행(世界銀行, *la Banque mondiale*)의 장기적 관측을 보면 세계인구는 변천과정을 거친 후 80~100억 수준이 상한선이 될 것이다. 반면 1850년경에 세계인구는 대략 12억 정도 밖에 되지 않았다.

프랑스의 인구변천은 인구가 급변했던 두 시기를 제외한다면, 그 과정이 급격하지 않은 편이었다. 두 시기는 제2왕정(Le second empire français) 6)및 1946년부터 1973년까지의 베이비붐(Baby Boom) 시기였다. 그 외에 프랑스의 인구승수는 기껏해야 2였다. 또한 이민의 기여가 아니었다면 이 수치는 더욱 낮았을 것이다. 이와는 반대의 경우로는 케냐에서 1975~1990년 사이에 자연증가율은 1년에 4%를 넘어섰다. 따라서 케냐에서의 인구승수는 대략 15 정도를 기록하게 될 것이다. 이 양극단 사이에 모든 가능한 수치가 있을 수 있다. 일반적인 법칙에 의하면, 인구변천이 늦게 일어날수록 그 변천의 최종결과는 더욱 폭발적이 되는 경향이 있다. 개발도상국에서 인구변동은 가속도가 붙어서 일어

---

6) 프랑스의 제2공화정과 제3공화정의 중간에 있는 루이 나폴레옹 (Louis-Napoléon Bonaparte)의 통치기간(1852-1870)을 가리킨다.

나며 승수의 수치는 변천과정의 진전 정도에 따라 달라지는 일부 드러나지 않는 부분을 포함한다. 출산율과 사망률이 이미 매우 낮은 지역에서는 이러한 현상은 이미 과거의 일에 해당하며 이 변천의 규모는 정확하게 알려져 있다. 반면 출산율이 아예 혹은 거의 감소하지 않은 지역에서는 (사망률의 장기적인 저하는 이미 몇 십 년 전부터 보편적인 현상이 되었다) 불확실성이 여전히 존재하며, 그 불확실성은 주로 이러한 출산력 감소의 향후 일정에 연관되어 있다. 출산력 감소의 지연이 눈에 띄게 나타나는 열대 아프리카(*l'Afrique tropicale*)의 경우를 제외하고 이러한 불확실성은 감소하게 되는데, 그 이유는 이 지역 대부분의 경우 인구변천은 이미 종결상태에 도달하여 있지만, 미래가 대체적으로 바로 인구성장의 기존템포와 연령구조의 모멘텀(momentum)으로 말미암아 과거의 영향을 받기 때문이다. 이제 기존의 장래인구전망을 바탕으로, 인구승수가 어떠한 가능한 값을 취하게 될 것인가를 검토하여 보자, 곧, **아프리카 대부분의 국가에서 인구승수는 10~12가 되며 그러나 아시아에서 가장 인구가 많은 국가들은 1960년대 말에 이미 출산율 저하가 시작되었으므로, 이 승수는 대략 5~8가 정도가 되어야 할 것이다.**

세계인구의 성장률은 별로 주목을 받지 못하고 있는 사실이지만, 지난 30년에 걸쳐서 하강국면에 진입하였다. 세계인구는 18세기 이래로 끊임없이 증가하였고, 제2차 세계대전 직후 급증하였다. 1940~1950년에 평균 성장률은 0.90%였고, 1950~1960년에는 1.8%였다. 평균 성장률은 현재, 1950년대의 수치보다도 낮은 것으로 나타난다. 1960년대에 평균 성장률은 정점에 달했으며, 1965~1970년에 이 수치는 연간 2.06%였다. 연간 세계인구의 추가성장은 1990년경까지 줄어들지 않아서, 실제로, 1950년대 초에는 47백만 명, 1970년경에는 73백만 명, 1980년대 말에 이 수치는 84백만 명, 또한 2001년에 발표된 유엔의 장래인구전망(World Population Prospect) 중위추계(中位推計, *la variantee moyenne*)에 따라면, 2000년경에는 78백만 명이었다. 세계인구의 성장은 이미 정점에 이르러 연간 인구성장은 조금씩 감소하고 있었다(2001년 추계결과에 의하면 2020년경에는 72백만 명에 이르는 것으로 나타났다). 따라서 절대인구성장은 인구성장률과 30년의 시차간격을 두고 전개되며(2005년의 인구성장률은 1.1%에 이르렀음), 인구성장률로 보면 변곡점(變曲点, *l'inflexion*)은 1970년경(출산력감소의 과정이 개발도상국으로 확대되는 시기)이고, 절대인구성장으로 보면 2000년에 이르러서야 감소국면으로 접어들었다. 이러한 비율은 급격한 속도로 성장하는 인구의 규모에 적용 가능한 것으로 출산율의 저하가 통계적으로 가임연령 여성수의 변화로 전환될 수 있는 기간을 기다리는 것이 된다. 여기서 그 기간은 1975년에 태어난 딸들이 2000-2005년경에 어머니가 된다는 점에서, 30여년의 시차에 해당한다.

3. 연령승수

지금까지 총인구의 증가에 대해 검토하였다. 그런데 인구변천은 연령피라미드의 변화를 수반한다. 연령피라미드는 연령축의 중앙부분을 기준으로 상하의 모습이 뒤바뀌는 경향이 있으며 그 실루엣은 심지어 역삼각형(逆三角形) 모양을 띠기도 한다. 즉, 꼭짓점을 아래로 하고 서있는 삼각형을 말하며 특히 저출산과 기대수명의 상승이 지속될 때 이러한 모양이 된다. 이러한 시나리오는 독일과 북부 이탈리아 등 서유럽의 일부 도시의 경우에 바로 눈앞에서 일어나고 있다. 이러한 연령피라미드의 역전과정이 어디까지 갈지는 아직 알 수 없다.

인도의 인구변천 과정에서 유소년 인구, 고령자 인구, 총인구의 변화:
실측치(1921, 1981)와 추계치(2050, 2150)

연령집단	연도			
	1921	1981	2050	2150
유소년 인구(0~14세)	12.3	265	315	315
고령자 인구(65세 이상)	8	23	206	330
인구	315	676	1,825	1,677

자료: 실측치(1921, 1981)는 인도센서스, 장래인구추계의 수치는 세계은행(2050, 2150)의 장래인구추계

←그림 3→은 인구변천의 과정에서 15세 미만 유소년 인구
수 및 65세 이상의 고령자 인구수의 증가율의 변화를 도식
화하여 나타낸 것이다.

그림 3. 유소년 인구와 고령자 인구의 인구변천 과정 시점별 연평균 성장률

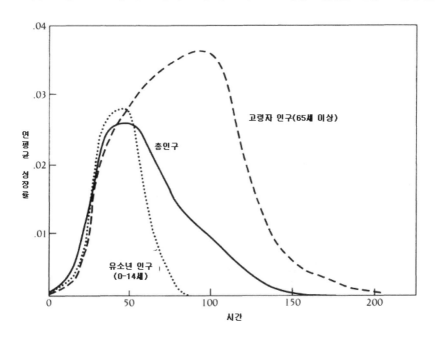

65세 이상 고령자 연령층의 수는 나머지 인구보다 증가율
이 더 오래 지속되며 더 빠르다. 더 오래 지속되는 이유는
출산율 저하 전 태어난 다수의 세대가 고령에 이르는 것을
기다리지 않으면 안 되기 때문이다. 더 빨리 증가하는 이유
는 누적된 사망률 감소의 영향이 세대 라이프 사이클 내내
이 세대들에게 영향을 미치기 때문이다. 해당 집단의 연령
이 많을수록 해당 승수는 커진다. (100세가 된 고령자들의

경우에는 이 승수가 무한대가 될 수도 있다.) 다음은 인도 인구의 경우에 대한 몇몇 기본 데이터이다. (단위: 백만)

따라서 고령자 수는 일부 서구도시에서 관찰되듯이 유소년 인구의 수를 넘어설 수도 있을 것이다. 1921년에 고령자 인구 청년인구보다 15배 적었다. 다음 세기의 주요 특징은 인구의 고령화일 것이다. 그러나 이러한 고령화는 인구성장의 특성에 따라 다소 강한 특징을 띠게 될 것이다.

다음의 도표는 전환승수의 가능한 범위의 규칙을 제시하고 있다. 이는 대조적인 추세를 나타내는 몇몇 경우에 대한 전체인구, '0~14세', '65세 이상' 인구에 대한 것이며, 조사대상 국가는 프랑스, 인도, 멕시코, 케냐이다. 이는 세계은행의 추정치에 따라 계산되었다.

세계 주요국의 총인구와 연령별 인구의 변천승수
(일부는 추계결과에 띠라 작성됨)

연령집단	연도			
	프랑스	인도	멕시코	케냐
총인구	2	5	10	20
유소년 인구(0~14세)	1.5	2.5	7	10
고령자 인구(65세 이상)	10	40	100	200

프랑스는 인구변천이 완만한 경우에 해당한다. 멕시코와 케냐는 이와는 반대로 폭발적인 인구변천에 해당한다. 반면 인도는 그 중간의 경우에 해당한다.

고령자 수는 변천과정의 종료 후에는 멕시코에서 100배까지 증가할 수 있고, 케냐에서는 200배까지 증가할 수 있다.

이러한 변화는 상당히 충격적이다. 여기서 두 가지 영향이 급속하게 번지는데 대한 파급효과를 측정할 수 있다. 첫 번째는 인구 크기의 증가의 파급효과이며, 이는 '단계효과' (effet d'échelle)라고 할 수 있다. 두 번째는 연령분포의 파급효과이며 이는 '구조효과'(effet de structure)라 할 수 있다. 2100년을 추계의 종점으로 전세계의 인구를 전망할 때, 연령피라미드의 역전은 상당한 것일 것으로 예상되고, 80세 이상의 최고령층의 수는 20세 미만의 청년층의 수를 초과하게 수 있을 것이다[7].

삶의 방식(les modes de vie)의 변화를 고려해 볼 때 이러한 결론에 특히 주목할 필요가 있다. 실제로 일반적인 관찰 결과에 따르면 선진화가 진행되고 있는 국가에서 노인부양 비용은 처음에는 가족이 부담했다가 점차로 국가가 부담하고 있다. 그런데 **전례 없는 연령구조의 급격한 변화가 일어날 조짐이다. 정치인들은 더 늦기 전에 이 점을 인식해야 한다. 왜냐하면 공공예산은 지금까지 알려지지 않은 압력의 영향을 받을 것이기 때문이다.**

연령피라미드의 역전(l'inversion de la pyramide)은 예상치 못했던 규모로 전개될 수 있다. 랑드리(Landry) (1934)의 직관에 의하면, 인구변천 후의 출산율(la *fécondité post-transitionnelle*))은 대체수준인 여자 1인당 2.1명을 밑

---

7) W. Luïz et al. *The End of World Population Growth in the 21st Century,* London, Earthscan, 2004, 341.

돌게 된다. 이로 인해 전혀 새로운 상황 즉, **젊은 인구의 점증하는 결손**(*le déficit croissant de jeunes*)과 **고령자 인구의 급격한 팽창**(*la dilatition rapide des effectifs de personnes âgées*)이 발생하게 된다.

4. 국제인구이동의 변천

인구변천은 단지 출산율과 사망률 추세의 변화만을 포함하지는 않는다. 변천 중에는 국제인구이동, 바로 이민의 양상도 함께 변하게 된다.

인구이동은 경제와 인구를 조절하는 역할(*régulateur économique et démographique*)을 한다. 이주는 긴장을 완화하는 메커니즘 같은 역할을 한다. 이는 유럽인구의 역사에서 분명히 드러난다. 유럽이 지난 세기에 인구증가율이 높았을 때 해외이민의 붐이 생겨났다. 자연증가가 미미해질 정도로 출산율이 감소한 이래 유럽은 점점 더 이민자의 땅이 되어갔다. 심지어 유럽은 그때 이후로 이민자들이 가장 많은 대륙이 되었다. 이러한 현상은 프랑스에서부터 시작되었다. 프랑스에서는 산아제한(産兒制限, **la limitation des naissance**)이 다른 국가들보다 더 일찍 실시되었고, 결과적으로 부문별 노동력의 부족현상을 또한 훨씬 일찍 경험하였다. 프랑스에서 시작된 이 현상은 서북부 유럽의 다른 국가로 확산되었고, 그 이후 남부유럽에 번져갔다.

이민자 흐름의 역전(l'inversion des courants migratoires)은 스웨덴과 이탈리아와 같은 서로 다른 국가에 있어서 대략 40년 정도의 격차와 함께 적용된다. 이들 국가의 경우에 자연증가율이 높았던 시기에 마이너스를 보였던 순국제 인구이동이 자연증가율이 0에 가까워질 때 플러스의 수준으로 반전되었다. 이러한 메커니즘에는 예외가 없는 것처럼 보인다. 그러나 인구의 외향성(extraversion) 정도는 경우마다 상당히 다양하다. 해외로 이민을 떠나는 성향 혹은 반대로, 해외에서 이민을 받아들이는 경향은 국가에 따라 다소 차이가 있다. 일부는 인종혼합 및 혼혈을 더 기꺼이 받아들이기도 한다. 동일한 인구압력이 존재하는 상황, 혹은 반대로 동일한 인구압력이 저하된 상황에서도 상이한 해결방법이 구상되기에 이르렀다, 프랑스의 농촌지역은 19세기에 처음에는 경제적 빈곤을 해결하는 방법으로, 산아제한을 해외로 이민을 떠나는 것보다는 선호했다. 이와는 반대로 사정권을 좀 더 넓은 쪽으로 확대하면, 영국은 자국민의 수에 다수의 행해사(航海士, le navigateur)를 포함하였고, 포르투갈은 해외이민을 대단히 중요하게 생각하였다. 섬나라인 일본은 아시아에 있어서 많은 경우 유럽의 영국에 비유되곤 하는데, 일본의 특징은 이와는 반대로 강한 내향성이다. 프랑스의 영토와 마찬가지로 일본의 영토에는 몇 세기동안 인구밀도가 높았다. 인구초과현상을 해소하기 위해 일본은 결혼지연 혹은 인공임신중절의 내부적 해결책을 이용했다. 해외이민은 뒤늦게야 미미하게 인구조절의 수단으로서 사용하였다. 유사한 경우에서 **1970**년대부터 청년 노동력의 생산력이 갑작스레 저하되는 상황에서 일본이 외국인 노동력을 이민으로 수용하기보다는 자동화 (自動化, le automatisation)를 선택한 것처럼 되었다. 이는 **1949~1957**년의 출산율 감소의 결과이다. 그러나 이러한 전략은 얼마 안 되어 문제점을 노출하기 시작하였다. 모든 일이 기계화될 수는 없는 일이기 때문이다. 따라서 **1980**년대에는 일본 또한 농업과 공예에 있어서 수동으로 작동하는 기계가 없어지고, 여성의 교육수준이 높아지면서 보람 없는 단순노동직은 점점 기피하면서, 해외이민을 수용하는 국가가 되지 않으면 안 었다.

한국, 대만, 태국 등 최근 출산율이 빠른 속도로 떨어진 동아시아 국가에서도 같은 변화가 일어나고 있다.

Note 4-2: 한국의 외국인 문제

한국의 외국인 문제는 보통 외국인 노동자와 국제결혼이민자로 나눌 수 있다. 체류자격제도에 의하여, 입국자격을 전문기술을 가진 사람으로 제한하였다. 그러나 **1988**년 서울올림픽을 전후하여 3저호황을 맞이하면서, 노동력 부족이 심각한 문제가 되었다. 이에 대하여 정부는 개발도상국의 기술향상을 목적으로 산업연수생제도를 도입하여 실질적으로 비숙련노동자의 입국을 허용하였다., 그러나 연수생이 연수목적에서 이탈하여 고임금을 지급하는 중소기업에 취업하여, 불업취업 문제가 심각해졌다. 정부가 수차례 대책을 마련하였으나 효과는 없었으며, **2002**년에는 전체 외국인 노동자의 **80%**가 불법체류로 전락하였다. 이 때문에 **2003**년 정부는 불법체류를 합법화하고, **2004**년에는 노동시장 테스트를 이용하는 외국인 고용허가제도를 개시하여, 비숙련노동자를 본격적으로 받아들였다.

다음은 국제결혼이민자의 문제이다. 국제결혼의 양상은 동아시아에서 대만에서 전개되는 것과 비슷하지만, 남성과 여성의 만혼화(晚婚化)와 비혼화(非婚化)를 경험하고 있는 일본보다 사정이 훨씬 심각하다. 2005년 3월 말 발표된 통계청 자료에 따르면 2005년 한 해 동안 한국인의 전체 결혼 중 13% 이상(혼인 316,375건 중 43,121건으로 13.6%)이 국제결혼을 했으며, 농어촌 지역은 35.9%가 국제결혼을 한 것으로 보고되고 있으며, 국제결혼의 70% 이상(총 31,180건으로 72.3%)이 한국인 남성과 외국인여성과의 혼인이다. 최근에는 결혼이민자가 줄고 있기는 하지만, 2000년대 초반의 추세가 그대로 지속된다면 2020년이면 국제결혼이민자 2세만 167만 명으로 전체 인구의 20%를 차지하게 된다.

특히, 결혼 중개업소의 난립에 따른 사기결혼과 가정폭력 등으로 혼인파탄 사례가 자주 발생하고 있지만, 혼인파탄의 귀책사유가 국제결혼여성에게서 찾을 수 없는 경우에도 입증이 곤란하여 국적취득의 장애요인이 되고 있다. 이에 따라 국제결혼여성 당사자에게 귀책사유가 없거나 귀책사유가 있어도 자녀양육을 하는 경우, 국적취득을 허용하고 있다. 그러나 문제는 국제결혼여성 중에는 소득수준이 낮은 농촌 또는 중소도시의 한국남성과 위장결혼을 하는 경우도 많아지고 있어서, 국제결혼이 취업을 위한 불법입국의 수단으로 악용되고 있다는 점에서 문제가 심각해지고 있다.

제5장

인구의 근대화와 그 요소

인구변천은 과학적, 경제적, 심리적 등 다른 일반적인 변동 중 하나의 국면에 해당할 뿐이다. 이러한 일반적인 변동은 르네상스(Renaissance) 시대에 서유럽에서 시작하여 지속적인 물결을 통해 나머지 유럽에 도달하였으며 그 이후 세계 전역으로 확산되었다. 이러한 변화의 영향을 받아 사회는 극히 심오하고, 복잡하게 되어갔다. 이러한 점에서 볼 때, 인구변천은 생활방식의 근대화를 인구학적 관점에서 검토한 것(la version démographique de la modernisation)에 불과하다고 볼 수 있다.

가장 결정적인 첫 번째 변화는 사망률의 억제라고 할 수 있다. 이러한 변화는 산아제한, 도시와 근대적 경제형태의 출현을 거쳐 가족구조의 급격한 변화에 이르기까지 다른 모든 변화의 전제조건이 되었다.

1. 사망률의 감소

제2차 세계대전 이후, 위생상태의 개선은 상당한 수준까지 진행되었으므로 오늘날 세계 국가의 절반은 60세 이상의 기대수명을 기록하고 있다. 그런데 의학기술이 발달하지 않은 전통사회에서는 기대수명은 겨우 20~30세 정도에 머물러 있으며, 이는 기후, 자원 등 자연환경이나 불평등 정도, 모유수유 관습 등 사회의 특성에 따라 달라진다.

정치조직- 2005년을 기준으로 할 때, 20여 개 국가에서는 아직도 기대수명이 50세에 이르지 못하고 있다. 이 경우는 특정 역사적 상황 후에 서구의 의학 도입이 제대로 이루어지지 않았거나 에이즈(AIDS/HIV)로 초토화된 국가의 경우에 해당한다. 남아프리카의 경우가 여기 해당한다. 에티오피아, 소말리아, 차드, 앙골라 등의 국가는 많은 경우 전쟁 중에 있고, 정치적으로 어지러운 상태이다. 아이티를 제외한 이들 국가 전부는 아프리카에 위치해 있다. 아프리카에서 에이즈는 일부 극단적인 경우에는 국가를 무서울 정도로 거의 초토화시키며, 기대수명을 15세 정도나 낮추는데 기여하고 있다.

전통적 사망률에서 현재의 사망률로 - 전통사회에서 35‰

정도 되는 조사망률에는 전쟁, 기근, 유행병 등 재난으로 인한 초과 사망률이 추가된다. 예를 들어, 프랑스의 경우 18세기 중반에 기대수명이 대략 25세 정도밖에 되지 않았다. 1세 때 30%의 신생아가 사망하였다. 또한 성인연령에 이르는 신생아는 반도 채 되지 않았다. 생존자들 중에 극소수만 성인기 전체를 거치게 된다. 따라서 이들이 60세에 달하였을 때 살아남은 사람은 100명 중 20명도 채 되지 않았다. 또한 80번째 생일을 맞이하는 사람은 20명 중 1명밖에 되지 않았다.

그러나 현재는 상황이 달라졌다. 영아사망률이 격감하면서 기대수명은 상당히 증가하였다. 2000년에는 기대수명이 남성의 경우는 75세에 달하였고, 여성의 경우는 83세에 달하였다. 20세 전에 사망할 확률은 거의 희박해져서, 기껏해야 남아의 경우는 1.2%, 여아의 경우는 0.8%에 이르고 있다. 마지막으로 대다수가 퇴직연령까지 생존하게 되었다. 여기서 생존곡선이 직각이 되었다고 한다. 즉, 이제는 영아나 청년층이 주로 사망하는 것이 아니라 사망은 고령, 심지어는 최고령에서 나타나는 현상이다. 60세에 기대수명은 은퇴기간의 수명이라고도 할 수 있는데, 이 연령대에서의 기대여명은 남성의 경우는 20년 정도이고, 여성의 경우에는 25년이다. 은퇴기간은 교육기간과 비슷해지는 것이다.

기근, 전염병, 전쟁, 대량학살 등 오래 전부터 있어온 대규모 재앙이 줄어든 것은 국가가 내란을 극복하고 대규모 재앙으로 인한 악영향을 제한하는 정치적 질서가 확립된 후야 가능했다. 예를 들어, 인도에서 기근법의 제정, 그리고 영국 행정부가 더욱더 결단력 있게 엄청난 과다 사망률을 줄이기 위해 초기 예방접종 캠페인을 추진하면서야 이러한 재앙이 비로소 줄어들게 되었다. 실제로 법과 효율적인 적용(환자 격리수용, 전염병이 발생했을 경우 예방에 관련한 국제적 협력, 식수 망 확립, 농작물의 유통 등) 그리고 일반적 인프라(배관망, 하수도, 교통통신망) 및 의학적 인프라(의료 서비스의 조밀성과 효율성)을 좌우하는 것은 국가의 상대적 권한이다. 따라서 17~18세기에 페스트가 소강상태에 접어들게 한 결정적인 요인은 아마도 정치적 질서의 확립이었을 것이다. 즉, 이러한 재난퇴치가 효과적으로 되기 위해서는 정보 및 위생검열망이 구축되어야 했다.

행정부가 사회질서 및 법률을 강하게 추진할 수 있을 정도로 권력을 가지게 되었을 때 모든 영역에서 상당한 진전이 있었다. 이러한 제도적 변화는 재난대처를 용이하게 하게 할 뿐만 아니라 위생적 혁신 및 경제성장을 확산하는데도 일조를 하였다.

기술발전과 의학적 발명-19세기 초두의 천연두 백신(la vaccination conte la variole)의 보급 이후, 파스퇴르 혁명(저온살균법의 발전)은 사망률 곡선의 변화에 최초의 단절을 가져왔던 사건이었다. 이 시기는 대량 백신 캠페인이 처음으로 전개된 시기였다 (19세기 말). 사망곡선의 변동에 단절을 가져온 두 번째 계기는 서구 및 여타 지역에 페니실린과 항생제가 보급되면서이다(1935~1960).

즉, 알프레드 소비(Alfred Sauvy)가 명명했던, 이른바 **'대규모 생명연장 기술'**(techniques antimortelles de masses)이 실천단계에 접어든 것이다. 여기는 식수공급, 공공위생, 백

Note 5-1: 생명연장

생명연장이란 노화과정을 둔화 또는 역전함으로써 인간의 한계수명을 극대화하려는 노력을 의미한다. 한계수명은 사고나, 암 또는 심혈관질환과 같은 노화와 관련된 질병에 대한 노출에 의하여 결정된다. 한계수명은 영양섭취, 운동, 흡연·과식 등의 위험요인을 제어함으로써 이루어질 수 있다. 최대 한계수명은 유전자에 내재한 인간의 노화속도와 주변의 환경요인에 의하여 결정된다. 현재, 한계수명을 극대화하는 일반적인 방법은 칼로리 섭취량을 줄이는 것인데, 이론적으로는 손상된 조직을 대체하거나 주기적으로 회춘시킴으로써 노화속도를 둔화하는 것이다.

생명연장을 연구하는 학자들을 통상적은 생물노인학자라고 한다. 이들은 생물학적 노화의 성격을 이해하고, 삶의 모든 단계에서 건강개선과 활동유지를 위하여 노화과정을 역전하거나 둔화하기 위한 치료방법을 개발한다. 생명연장에 관련된 연구성과를 이용하는 경우, 그들은 현재 급속하게 발전하고 있는 생물유전학이나 일반 의료기법을 이용하여, 항 노화치료에서 도움을 얻는다면 현재보다 훨씬 오랫동안의 수명을 향유할 수 있을 것이라고 본다. 생의학 노인학자나 생명연장 공학도들은 줄기세포, 기관이식(인공기관 또는 대체기관), 분자개조 등을 통한 조직회춘은 인간을 완전히 젊은 상태로 회복시키거나, 노화나 질병을 완전히 없앨 수 있을 것이라고 주장한다. 많은 생명연장 공학자들은 인체를 법적으로 사망한 이후에, 냉동보존하여 장래에 의학이 발전하여 해당질병을 제거하고, 냉동보관 중 손상된 조직을 젊은 상태로 복원하는 방법을 택할 수 있다고 주장하고 있다. 생명연장 기술은 인간의 한계수명을 극대화하는 방법을 다루는 만큼, 윤리적으로, 종교적으로, 그리고 정치적으로 수많은 문제를 불러일으키고 있다. 그러나 1980년대부터 사회운동으로 자리매김한 생명연장에 대하여 과학자는 물론 일반인의 관심도 빠른 속도로 증가하고 있다.

신, 소독법 등이 해당되며 이러한 기술은 세계의 인구학적 지도를 뒤바꿔놓게 된다. 실제로 이러한 기술의 도입으로 인해 개발도상국에서 사망률이 감소하게 되었고, 이러한 국가들은 그 때 이후로 유럽 국가가 비슷한 인구변천 기간에 경험했던 것보다 월등하게 높은 인구성장률을 경험하게 되었다. 이는 유럽 국가들의 경우는 인구가 성장할 시기에 과학과 경험에 의하여 축적된 성과들을 이용할 수 없었기 때문이다. 반면 개발도상국들은 그러한 성과들을 갑작스럽게 그리고 충분히 이용할 수 있는 혜택을 부여받게 되었다. 또한 1980년대부터 신생아들은 거의 모두 예방접종을 받을 수 있게 되었는데, 이러한 혜택은 경제적 실패가 명백한 일부국가에서 위생수준이 향상하게 된 요인이 되었다.

경제성장, 영양공급 그리고 교육 - 사망력이 감소하게 되는 일반적이고 상당히 다양한 요인들 중에서 특별히 눈에 띄는 요인이 있다. 위에서 언급한 기본 위생기술의 보급이 그 예이다. 서유럽에서 기대수명은 1차 세계대전 시기에 50세 정도였지만 1950년대에 다수의 개발도상국에서는 삶의 질은 분명히 낮았지만 기대수명은 이 수치를 넘어섰다. 또한 영양상태의 개선과 교육수준의 향상도 언급해야 할 것이다. 영양결핍, 특히 단백질 결핍은 항체 형성을 약화시킨다. 영양실조의 경우는 전염병에 대한 인체의 내성을 떨어뜨린다. 인구의 전반적 교육수준의 향상의 경우는 여러 가지 방식으로 작용한다. 위생과 의학기술에 대한 지식, 생활과 작업 환경, 출산율 감소 등을 들 수 있다.

1960년대 중반 이후 구소련 국가의 사망률이 다시 증가한 반면 또한 이와는 반대로 동아시아에서 고도경제성장을 이룩한 국가(한국, 싱가포르, 홍콩, 타이완 그리고 특히 일본)에서는 기대수명이 괄목할만할 정도로 증가하였다. 이제 이들 아시아 국가는 위생수준에서 세계 선두의 자리에 서게 되었다. 이러한 대조적인 경우는 최고 선진국 내에서의 사망과의 전쟁에서의 경제역량의 역할을 분명하게 보여준다. 암, 심혈관계 질환 등 현대의 퇴행성 질병에 대한 승리는 고도로 발달하고, 비용이 많이 들어가는 기술을 필요로 한다.

오래되고 잘 알려지지 않은 이야기 - 사망률의 장기적인 저하는 일반적으로 알려진 시기보다 앞서서 시작되었다. 서북부 유럽, 영국, 네덜란드, 스칸디나비아 등 세계에서 가장 잘 발달된 지역에서 사망률은 18세기부터 저하하기 시작하였으며, 특히 1750~1760년의 감소는 주목할 만하였다. 기근은 사라졌고, 그 대신 생계의 어려움이 생겨나게 되었다. 이러한 현상은 집단적 조직, 위생 그리고 심지어는 영양수준의 향상과도 연관이 있는 것으로 보인다. 이 시기에 유럽세계의 진정한 확장이 시작되었다.

일본은 초기 근대화의 기원지에서 가장 멀리 떨어져 있었던 남미와 유럽지역과 마찬가지로 19세기 이전에는 저개발의 상태에 머물렀다. 아프리카와 아시아에서 전환기는 더 늦게 찾아왔다. 그러나 식민지 정부의 효율성의 증대로 인해 이 지역에서 전환기는 1920년대 혹은 때로는 그 이전에 일어났다고도 여겨진다. 즉, 안보가 향상되었고, 관개를 하려는 노력이 있었으며, 교통 인프라를 구축하였고, 천연두와 말라리아를 퇴치하기 위한 노력이 있었다. 따라서 양차 대전 이후 위생상태의 개선은 전 세계로 확산되었다. 교역의 세계화의 상징으로서 위생적 발전은 제3세계에 도달하였고, 그것이 오지(奧地)로까지 퍼졌다. 개발도상국을 통틀어서 2000~2005년의 기대수명은 62세 정도가 되었는데, 이 기대수명은 현재의 기준으로 볼 때 2차 세계대전 직후 선진국 수준이라고 할 수 있다. 인도나 인도네시아 등 소득이 적은 국가들은 63~65세 정도의 기대수명에 도달하였지만 방글라데시의 경우는 이러한 수치가 61세 정도가 되었다. 따라서 성취한 발전은 엄청나지만 그것이 충분히 알려지지 않은 부분이 있었다. 심지어는 사하라이남 아프리카와 남아시아 등 세계에서 가장 가난한 두 지역에서도 기대수명은 유럽인들이 지난 세기 동안 도달하였던 수준을 넘어섰다. 위생 면에서 오랫동안 가장 발달한 노르웨이는 20세기 초에서야 기대수명이 55세의 문턱을 넘어섰다.

2. 출산율 저하와 가족계획

인간의 출산율은 생계와의 균형을 위태롭게 할 수도 있기 때문에 통제 불능의 상태에서 그대로 방치되지는 않았다. 곧 출산율은 다양한 관습, 사회 및 종교에 따라 항상 제한되어 왔다. 수유연장, 배우자들의 일시적 별거상태(어부, 목축업자 등), 성적 금기(타부), 과부의 재혼금지, 성교중단(또는 질외사정)(性交中斷, *coit interrompu*), 결혼제한 등이다. 부부 1쌍을 기준으로, 생물학적으로 가능한 최고출산율은 17명의 자녀로 추정되고 있다. 이는 부부의 가임력의 차이, 자연유산의 확률, 산후 무배란(無排卵), 후천적 불임 등 여러 가지 요소를 고려하여 이론적으로 최대치를 추정한 것이다. 그런데 존재하는 모든 관찰에 따르면 어떤 국민도 이러한 최고치에 도달하지 않고 있다. 종교적 이단, 미지의 세계 개척자 등 특정한 소규모 집단의 경우 외에는 지속적으로 고출산을 경험한 유일한 주요 지역은 퀘벡(*Quebec*) 지역이다. 그러나 퀘벡의 경우에도 부부 1쌍당 자녀수가 절정에 달하였던 17세기에도 그 수치는 대략 10명이었다. 이는 최대 가능 자녀수와 현격하게 차이가 나는 수치이다. 이러한 차이가 나는 주된 이유는 종교의 영향이다. 종교는 만혼화(晩婚化)를 가져오고 성적 금욕기간을 존중하며 위생적 청결상태를 유지하는(과부나 홀아비가 된 후에 오는 불임) 것을 권장하기 때문이다. 대부분의 국가에서 인구변천 이전의 출산율은 여성 1명당 4~7명 사이에 분포한다. 출산율이 가장 낮은 지역의 경우 저출산은 맬서스 목사의 도덕적 규제론으로 인한 것이다. 달리 말하면 성적 규율, 즉 충동의 자제로 인한 것이다. 결혼은 늦게 하고, 선택해서 하며 성관계는 결혼한 이후에만 가능하다. 따라서 혼외출산은 드물다. 따라서 인구증가의 주된 걸림돌은 결혼의 제한이다. 이 경우는 서유럽의 특징인데, 이 지역에서는 17~19세기에 비혼화(非婚化, 영구독신)과 만혼화(여성의 경우 25세 이후) 현상이 동시에 일어났다. 전통적으로 이러한 경우는 인구억제가 심한 비(非) 이슬람권 동아시아 일부 연안 국가에서도 나타나며, 일본, 필리핀, 한국이 그 예이다. 그러나 이 지역에서 독신으로 사는 경우는 드물다. 서유럽에서 결혼제한이 19세기에 역사적으로 절정에 달했을 때 15~50세 가임여성의 절반은 사회적으로 미혼상태에 있다. 이와는 반대로 결혼을 일찍 하고, 결혼이 보편적인 인도와 중국 등의 국가에서는 이 연령대에서 결혼한 여성의 비율은 85%에 달하였다. 만혼화는 최근에 이르러, 출산율이 2005년 현재 여성 1인당 두 명을 넘지 않는 **마그렙**(*Maghrib*) 지역에서 결정적인 역할을 하고 있다.

일반적으로 출산율 저하는 결혼제한 이후에 나타났다. **실제로 출산력 변천은 두 단계로 이루어지는 경향이 있다. 첫째 단계는 혼인력의 저하, 곧 혼인건수의 감소이다.** 이는 주로

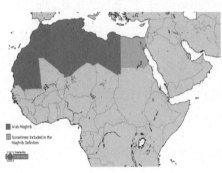

마그렙(Maghrib)은 아랍어로 "해가 지는 것"이라는 의미를 가진 말로서, 서방을 가리키는 지명이다. 또, 이슬람교신도의 의무인 하루 5회의 예배(사라트) 중 하나인 일몰시의 예배를 가리키는 말이기도 하다. 지역 명으로서의 마그렙은, 마슈리크(해가 떠오르는 곳, 동방)에 대해서 서방, 즉 모로코, 알제리아, 튀니지, 서사하라의 북부아프리카 북서부에 위치하는 아랍 제국을 가리키며, 경우에 따라서는 리비아나 모리타니아도 포함한다. 이슬람교와 함께 아랍인이 들어 올 때까지는, 이 지역에는 벨 벨인들이 거주하였고, 현재도 다수파가 된 아랍인에 섞여 벨 벨인이 남아 있다. 야만인에 해당하는 영어의 단어 "barbarian"은 바로 벨 벨인을 말한다. 1989년에 마그렙 5국은, 유럽연합을 모방해 경제통합을 촉진하기 위해서 마그렙 연합을 결성했지만, 알제리아 정세의 불안정 등에서 지역 통합을 진행시키지 못하고, 연합으로서의 활동은 별로 볼 수 없다.

결혼을 늦게 하면서 일어난다. **둘째 단계는 유배우 출산율의 저하이다**. 이러한 혼인행태의 변화는 여성과 아동의 조건 변화와 관련이 있다. **학교는 변화의 열쇠이다**. 경제적으로 자녀를 학교에 보낼 여력이 될 때 학업의 연장은 혼인연령의 상승을 가져온다. 학교를 다님으로써 더 이상 아이는 부모를 돕고, 가업을 계승하도록 운명지워진 개체가 아니며, 새로운 지출과 불안을 야기하는 존재가 된다. 출산을 통하여 경제적 이익은 완전히 역전된다. 왜냐하면 자녀에게 투자하는 비용이 자녀가 경제적으로 가져오는 이익보다 커지기 때문이다. 또한 학교는 사회적으로 여성의 역할을 바꾼다. 학교는 여성으로 하여금 현대적인 봉급자 생활에 종사하는 것을 가능하게 하며, 농촌여성의 경우에는 도시에 진출하여 주면사람들의 통제 속에 사는 "현모양처"(賢母良妻)라는 한정적 역할에서 벗어날 수 있게 한다. 학교는 사고방식을 변화시키기 때문에 교육수준의 향상은 소득의 증대보다 더 중요하다. 대중매체의 출현, 특히 라디오의 출현과 라디오가 위생, 산아제한에 대해서 전하는 메시지는 인구변천을 촉진시키는 성향이 있다.

앞서가는 프랑스, 뒤쳐진 아프리카 - 프랑스에서 한 세기에 걸친 출산율의 저하는 다른 서양 국가들에 비해 한 세기 앞서서 대혁명(1789) 당시부터 개시된 것이었다. 개발도상국의 출산력 저하는 훨씬 더 늦게 시작하였다. 1960년경까지 출산율 저하는 인구밀도가 높고, 섬나라이고, 개방된 소규모 사회에서만 일어나는 정도였다. 모리스, 레유니옹 등 서구의 영향을 받은 아프리카 섬들, 타이완, 싱가포르 등 중국계 민족이 살고 있는 아시아의 섬나라들 혹은 특수한 경우로 스리랑카를 들 수 있다. 또한 미미하게나마 소규모이고 외부영향에 개방되어있는 해양 국가들도 이 경우에 해당하는데, 이러한 국가의 예로 홍콩, 말레이시아, 한국, 푸에르토리코, 쿠바 등을 들 수 있다. 1960년대에 출산율 감소는 더 규모가 큰 국가로까지 퍼져갔는데, 이 국가

들에서 또한 외부 영향이 작용하였다. 터키, 콜롬비아, 태
국, 필리핀, 튀니지, 남아프리카공화국 등을 예로 들 수 있
다. 그러나 결정적으로 출산율이 낮아지기 시작한 것은 서
구세계에서 인구변천이 시작되고 한 세기 후인 1970년경이
다. 개발도상국 중 가장 인구가 많은 4개국 중 중국, 인도,
브라질 등 3개국은 이들 국가의 55%를 차지하는데 피임법
에 있어서 혁신이 일어나면서 거의 동시에 출산력이 저하
하기 시작하였다.

1970년대에 이러한 출산율의 저하는 이미 종교, 빈곤, 고립
등으로 인해 산아제한이 상당수준 이루어지고 있는 국가로
까지 확산되었다. 멕시코, 인도네시아, 페루, 베트남, 모로
코, 이집트, 미얀마 혹은 방글라데시 등 다양한 국가들도
역시 정도의 차이는 있었지만 이러한 역사적 추세에 동참
하였다. 이슬람 국가에서는 분명 상당히 높은 출산율을 유
지하고 있지만 이러한 초기 감소는 중요한 사실이었다. 이
슬람교도들이 사는 몇몇 구소련 국가에서의 괄목할 만한
출산율 감소가 이러한 현상의 의미를 확증한다. 1980년대
에는 파키스탄, 이라크, 이란, 카타르 등 몇몇 이슬람 아시
아 국가 혹은 알제리와 같은 이슬람 아프리카 국가에서 상
당한 감소를 기록하였다. 또한 짐바브웨, 스와질란드, 보스
와나, 모리타니, 수단 등 블랙 아프리카의 여러 국가들에서
출산율 감소 현상이 일어났다. 몇 년 후 1990~1999년에 출
산율 감소는 시리아, 요르단 등 중동지방에 퍼졌으며, 심지

어는 네팔 같은 고립되고 빈곤한 아시아 국가에도 이러한 현상이 일어났다. 특히 출산율 감소는 케냐, 탄자니아, 잠비아, 르완다, 카메룬, 나이지리아, 가나 등 사하라이남 아프리카의 다수 국가에도 확산되었다. 즉, 한 세기에 걸친 출산율 감소현상은 세계 전역에 일어나게 된 것이다. 아프가니스탄과 같은 일부 내륙산악국가 혹은 라오스나 캄보이아와 같은 불리한 정치적 조건으로 인해 상황이 열악한 몇몇 국가를 제외하고는 사우디아라비아, 예멘 같은 아랍권 중동의 일부지역과 특히 블랙 아프리카의 상당 부분(특히 중앙 및 서아프리카)는 여전히 이 추세와 거리가 멀다. 해당 지역의 국민들은 계속해서 그 수를 유지하고 있으며 이들은 세계 인구의 1/10을 차지한다. 21세기 초에 가난하고, 역사, 기복, 인프라의 후진성 등으로 불리한 조건을 가지고 있었던 에티오피아 같은 국가는 피임 이환율에 있어서 괄목할 만한 발전을 거두었다. 이러한 발전은 틀림없이 인구정책과 연관이 있었다고 보아야 할 것이다.

최근의 예외적인 몇몇 경우를 제외하고는 저출산 현상은 정부 주도의 인구정책의 영향으로 일어났다기보다는 선진화로 인한 행동양식의 변화로 인해 일어난 것이다. 물론 최근에 있었던 몇몇 예외적인 경우는 제외해야 할 것이다. 이러한 예외적인 예로 특히 중국의 경우를 들 수 있는데, 중국은 21세기에 들어와서도 얼마전까지만 하더라도 강제적인 계획생육(計劃生育) 정책을 추진하였고, 심지어는 자녀를 한 명만 나으라고 권고할 정도였다. 일본에서는 전후 재건 및 경제호황기(1949~1957)에 출산율이 절반으로 줄었으며, 산업화 국가를 통틀어서 가장 높은 수준에서 가장 낮은 수준으로 떨어지는 기록을 세우게 되었다. 이러한 일본의 경우와 마찬가지로 네 마리의 용(한국, 대만, 싱가포르, 홍콩)은 모두 2005년경에 인구대체수준인 여자 1인당 2.1명보다 훨씬 낮은 출산율을 기록하고 있다. 즉, 지나친 문명화가 출산을 저해하는 역할을 하는 셈이다.

피임혁명(*la révolution contraceptive*)은 확실히, 이러한 변화를 가속화하였고, 그 변화의 범위도 넓어지게끔 했다. 그러나 피임이 변화의 본래 원인이라고는 할 수 없다. 게다가 1956년에 경구피임약이 발명된 이래로 피임방법은 별로 발전하지 않았으며, 피임약이나 자궁내 삽입용 피임기구(IUD)의 사용은 일부 여성에게 있어서는 여전히 불편하다. 좀 더 간편하고, 비용이 적게 들고, 가역성이 있으며, 장기간 사용 가능한 방법을 찾는 것이 현재 관건이 되고 있다. 완벽한 피임수단의 발견은 하루아침에 되는 일이 아니다.

부국에서 심지어는 부국 외에도 전체적으로 저출산 현상이 확산되면서, 가속화·보편화되고 있다. 예를 들어 미국을 제외한 북미 지역, 유럽, 동아시아, 마그레브, 이란, 터키, 브라질 등이다. 개발도상국에서 변화가 일어나고 있지만 상당히 불안정한 단계로 일어나고 있다. 저출산 현상이 가장 심하게 일어나는 국가는 정도의 차이는 있지만 외부의 영향에 개방되어 있다. 게다가 이들 국가들 중 대부분에서 출산율 저하는 서구국가에서 관찰되는 갑작스런 출산율 재저하의 시점과 거의 비슷한 시기에 일어났다. 점점 더 많은 경우에서 출산율은 대체수준을 훨씬 밑도는 수준으로 저하하였다. 출산율 감소의 시공간적인 도표에는 분포의 메커니즘도 고려된다. 다른 현상과 마찬가지로 인구학적 변화는 세계적인 추세로 확산된다. 서구식 가치 및 행동양식에 가장 폐쇄적인 국가만이 현대의 변화의 추세에 상대적으로 거리를 두고 있었다. 그러나 이러한 국가에 있어서 조차도 관건이 되는 것은 출산율 감소가 일어날 것인지를 아는 것이 아니다. 왜냐하면 이러한 현상은 필연적으로 보이기 때문이다. 관건이 되는 것은 언제 출산율 감소가 일어나며 어떠한 속도로 일어나는가와 관련되어 있다. 제3세계 국가를 모두 통틀어 봤을 때 출산율은 1965~1970년에 여성 1인당 평균 6명, 2000~005년에는 2.9명에 이르는 것으로 추정되고 있다. 출산율은 이제, 전통사회(여자 1인당 6자녀 이상)와 현대사회(여성 1인당 당 2자녀 이하)를 나누는 도로의 3/4 이상을 통과하였다.

3. 제어와 제어완화: 자폐 증상을 보이는 사회

서유럽에서 결혼의 제한(la limitation des mariages)은 오

랜 기간 동안 인구조절의 일환으로 실시되었다. 19세기 마지막 몇 십 년을 남겨놓았을 때야 비로소 유배우 출산율(la fécondité des mariages)이 감소하고, 이와 병행하여 현대 경제가 성장하며 이와 동시에 생존에 대한 압박이 해소되고, 혼인연령이 줄어들고, 혼인건수는 증가하게 되었다. 제2차 세계대전 직후 상당한 규모의 결혼 붐이 생겨났다. 이 모든 것은 마치 전쟁으로 인한 암울한 시기가 지나간 후 평화 및 완전고용으로의 복귀가 희망적인 분위기와 미래에 대한 자신을 심어준 것처럼 진행되었다. 따라서 결혼, 가족, 종교는 다시 인정을 받게 되었다. 출생률이 갑작스럽게 급증함으로써 인구변천의 과정에 있어서 특이한 해석이 필요하게 되었다.

그러나 전후세대가 성인이 되면서 이러한 특이한 해석은 더 이상 필요가 없게 되었다. 즉, 가장 젊은 세대에서 새로운 행동양식이 점점 뚜렷해지게 되었다. 혼인연령은 상승하고, 혼인건수가 줄어든 반면 결혼했다가 빨리 그리고 더 자주 헤어지게 되었다. 동거가 확산되고, 새로운 성향을 띄게 되었다. 동거는 더 이상 산업시대 초기와 같이 불행 중의 가치혼란의 산물이 아니라(일단 빈곤층에서 동거가 있었다), 제도의 통제에서 벗어나고자 하는 의지로부터 오는 것이 되었다. 동거는 예전보다 깨어지기 쉽게 되었다. 결혼의 위기보다는 부부의 위기가 찾아오게 된 것이다. 즉, 결혼을 했건 안 했건 파트너들은 오래 관계를 유지하기가 어렵게 되었다. 스웨덴, 프랑스, 영국 등 몇몇 서구국가에서는 혼외 출산이 전체 출산의 절반, 심지어는 그 이상이 되기도 하였다. 이러한 혼외 출산은 그 이후 사회적으로 또는 법률적으로 인정을 받게 되었다..

개인의 정서적 긴급성이 관습, 사회적 압력 혹은 생물학적 출산에 대한 염려보다 우위를 차지하게 되었다. 이러한 아노미(*anomie*: 집단적 규준의 상실)는 내면적인 가치로의 후퇴로 표출되며, 이는 출산율의 수준에 영향을 미친다. 이러한 문화적 변화로 인해 대가족 보다는 핵가족이 더 많아지게 된다. 2005년에는 저출산 상황에 있거나 출산율이 인구대체수준(여성 당 2.1~2.5 명의 자녀)에 근접해있는 국가의 총인구는 이미 인류의 반(35억 명)이 넘는다.

한 세기에 걸쳐 진행된 출산율 저하가 시작되지 않은 국가는 극소수 이며, 세계 인구의 1/10 정도밖에 차지하지 않는다.

이러한 인구변동은 전혀 예상하지 못했던 것이다. 경험에 의거하여 이러한 원인에 대해 설명하려는 시도가 있었으나 그러한 설명은 만족스럽지 못했고, 때로는 이러한 복잡한 인구문제의 실마리를 찾기란 어려워 보일 정도로, 심지어는 동어반복의 경향까지 나타났다.

우리는 이러한 사실을 두고 겸손해질 필요가 있을 것이다. 인구학이 관찰의 질과 방법의 엄격성으로 인해서 인문학 중 정밀과학에 가장 가깝긴 하지만 인구학의 기본적인 원동력에 관련된 모든 것에 대해 상당히 불확실한 상태에 머물고 있다. 인구변동의 원인은 복잡하고, 손에 잡히지 않는 인과관계의 영역에 속한다.

1980년대부터 장기적으로 출산력이 감소하고 있는 국가 중에서 특히 저개발국가의 경우에는 가족계획을 위한 노력은 매우 중요했다. 가족계획은 국가 수준의 의료부문과 준(準)의료부문의 만남이며, 또 점점 경험을 축적하여 왔던 비정부기구(非政府機構, *la organisation non gouvernementale*)와 국제기구의 결합으로서, 이러한 결합은 경제성장이 없는 국가들에서 인구성장을 억제해야 하는 점증하는 요구사항에 직면하지 않으면 안 되었다.

제6장

인구변동의 결과

현대사회는 유례없는 수준의 **인구학적 불균형**(人口學的 不均衡, *les déséquibrieses démographiques*)으로 특징지을 수 있다. 이러한 불균형의 결과는 세계의 경제적, 전략적 정치적 구도의 변화에 있어서 상당한 영향력을 행사할 것이다. 미래의 역사가들은 거의 틀림없이 이러한 인구학적 불균형이 가까운 과거와 앞으로 다가올 몇 년 동안에 있어서 중대한 현상 중의 하나이거나 혹은 유일하게 중대한 현상이라고 간주하게 될 것이다. 부자 나라에서는 저출산 체제가 고착화되어, 상당수준의 인구감소를 초래하고 있으며 특히 유례없는 고령화 현상을 야기하고 있다. 이와는 반대로 대부분의 가난한 나라에서는 인구과잉과 인구급증의 유령이 미래에도 고통을 선사할 조짐이 보이고 있다. 전자와 후자의 두 현상 모두가 상당한 위험을 안고 있다.

1. 이론: 정체론과 신맬서스주의

도식화를 통하여, 인구학적 영향이론의 두 가지의 상반된 버전을 구분할 수 있다. 이 두 가지 버전 각각은 나름대로 상당히 결정론적이다. 첫째 버전에 의하면 인구성장에는 경제성장을 방해하는 요소(un obstacle)가 상당수 있다. 이와는 반대로 둘째 버전에는 인구성장에는 경제성장에 필수적인 촉진제(un stimulant)가 있다는 것이다. 첫째 버전은 과잉인구에 대한 두려움을 표출 한 것이고, 둘째 버전은 과소인구에 대한 두려움을 표출한 것이다. 하나는 개발도상국들의 인구급증을 그 배경으로 하고 있으며, 둘째 버전은 산업사회의 정체된 혹은 감소를 경험하는 인구를 배경으로 하고 있다.

정체론

케인즈(John M. Keynes)[1](1937)와 핸슨(Hansen)[2] (1939)의 연구가 설명한 **정체론**(停滯論, *la théorie de ka stagnation*)은 보즈럽[3](Boserup)(1981) 혹은 사이먼[4]

---

1) J. M. Keynes, Some Economic Consequences of Diminishing Population, *Eugenics Review* 29, 1937, p. 13-17.
2) A. H. Hansen, Economic progress and declining population growth. American Economic Review 29, 1939, p. 1-15
3) E. Boserup, *Population and Technology*, Oxford, Basil Blackwell, 1981.
4) J. I. Simmon, The Economics of Population Growth, Princeton University Press, 1977.

(Simon) (1977)에서 현대적 변형을 볼 수 있는 **창조적 압력**(*la pression créatice*) 이론과 동일선 상의 사고에 위치한다. 이러한 이론은 1930년대에 탄생하였는데, 이 이론은 가장 발달한 서구 국가에서 인구감소를 예상하게 했던 우려감을 그 배경으로 한다. 아담 스미스(Adam Smith)의 이론에 근거를 두었던 핸슨은 이러한 이론의 핵심을 아주 잘 요약하고 있으며 이는 맬서스의 견해와 상반된다. "맬서스 이론의 전통을 통해 교육 받은 경제학자들은 통계적인 측면에서 생각하며, 인구성장의 정지를 낙관적으로 해석하는 경향이 있다." 저자가 인정하기를, 분명히 19세기 동안의 성장리듬이 계속되면 해결할 수 없는 문제가 야기될 것이다. 그러나 이는 인구성장이 극심할 정도로 감소하게 되는 경우 직면하게 되는 구조적인 부적응의 중대성을 부인하게 되면, 그것은 저출산·저사망의 낮은 수준의 균형상태에 만족하는 낙관론에 도취하는 것이다.

사실 한센(Hansen)에게 있어서 경제발전을 구성하는 요소는 세 가지이다. 첫째는 발명, 둘째는 발견 및 토지와 새로운 자원의 개발 그리고 셋째는 인구증가이다. 그런데 인구의 감소(혹은 적어도 성장의 수축)은 투자의 기회를 감소시킴과 동시에 실업과 정체상태를 악화시키는 경향이 있다. 그 이유는 이러한 상황에서 수요는 투자자의 기대치에 못 미치기 때문이다. 감소하는 인구는 그 전 세대가 축적해 놓은 자본으로 살아간다. 따라서 여기서 문제는 어떻게 이 자본의 수익률을 향상시킬 수 있는가를 파악하는 것이다.

논리적 명제의 설득력과 경험적 자료의 우수성 때문에, 정체론(la thèse de la stagnation)이 장기적으로 현실화될 가능성이 있었다는 것은 부인할 수가 없다. 그러나 상식적 궤도를 벗어난 인구성장의 재개(전후재건사업의 성과)는 인구정체나 인구감소가 야기하게 될 결과에 대한 모든 의견을 위축시켰다. 우리는 지난 두 세기 동안 인구성장과 경제성장은 양의 상관관계를 맺고 있기 때문에, 근대사가 이러한 이론의 주장을 오히려 대립된 추론을 통하여 입증하였다는데 만족할 뿐이다. 곧 달리 말하면, 경제침체의 시대와 저출산의 시대는 역사적으로, 적어도 서구세계와 일본에서는 상당히 모호한 관계로 연계되어 있었던 것이다.

특히 출산율이 동아시아 신흥공업국과 더불어 다른 국가보다 확연하게 낮은 EU 등 부국에서는 젊은 인구의 인구내폭(l'implosion de la population)과 더불어 정체론아 장래에 다시 힘을 얻을 것이지만 다른 형태로 지지를 얻을 것이다. 인구의 고령화를 저지하지 못할 대량 이민의 시나리오는 여기서 제외된다. 내수시장(內需市場, *la marche interne*)의 위축이 예상되는 상황에서 기업가들은 수출전략을 전면에 내세울 가능성이 커질 수 있다. 심지어는 비록 노동력의 감소와 인구고령화(연금 및 건강보험 지출의 증가를 통해)가 임금상승의 압력을 가중시키고, 임금이 낮은 (따라서 최근에 출산율이 높은) 국가로 산업이전을 촉진한다 할지라도 이러한 전략은 계속된다. 1980년부터 유럽연합이 세계경제에서 차지하는 비중은 상당히 줄어들게 되었다.

Note 6-1 : 인구성장률과 1인당 소득성장률의 관계

개발도상국에서 인구증가가 경제발전을 저해한다는 것이, 신맬서스주의의 기본논점이다. 그렇다면, 1인당 소득의 증가율과 인구증가율은 마이너스 관계에 있어야 한다. 여기에 대하여 보스럽, 사이먼, 쿠즈네츠 등은 인구증가율과 1인당 소득성장률 사이에 성립하는 관계는 사실상 중립적 관계, 곧 마이너스도 플러스도 아닌 관계라고 보았다..

근년, 이상의 무관계성을 확실히 하기 위하여 많은 연구자들이 상관분석을 시도하였지만, 인구증가와 소득성장 사이에는 상관계수가 제로에 가까운 결과를 얻는 것으로 끝이 났다. 이것은 인구증가와 경제발전의 관계가 복잡하며, 단순하고 명백한 관계가 아니라는 것을 입증하는 것이라고 해석되었다.

이 때문에, 최근의 정밀한 분석은 시간지체(time lag)와 다수의 변수를 도입하여 계량경제학적 방법을 시도하였는데 그 결과에 의하면, 1960년대와 1970년대에 인구증가율과 소득증가율 사이에는 유의미한 상관관계가 거의 보이지 않지만, 1980년대에 들어서 개발도상국에서 명백히 통계적으로 유의미한 플러스의 상관관계가 성립하는 것이 확인되었다.

신맬서스주의

현재 버전을 보면 신맬서스주의(*la thése néo - malthusienne*)는 다음 한 가지 사실에 근거를 둔다. 즉, 인구의 빠른 성장을 가져오는 강압적인 힘이 존재한다는 것이다. 이 이론은 오늘날 **인구경제모형**(人口經濟模型, *les modéles demo-économiques*)으로 불리며, 1950년대에 구상되었다[5]. 이 모형들은 형식적인 엄격함에도 불구하고 맬

---

5) A. J. Coale, E. M. Hoover, *Population Growth and Economic Development in Low-Income*

서스적인 방법으로 오염되어 있다. 맬서스적인 방법은 이 모형의 기본 특성에 걸쳐 나타난다. 즉, 시간적 지평, 주요 변수의 정의(투자), 기본가설, 특히 노동의 한계생산성에 대한 가설이 그 특성이다.

시간적 지평 - 한 개인의 출생의 경제적 영향은 상당히 장기적인, 심지어 그의 한평생이 걸릴 정도의 시간 간격을 통하여 나타난다. 생산과 소비의 연령별 패턴의 차이를 고려하면 이러한 영향은 일단 마이너스이다가 플러스가 되어서 출생 이후 축적된 결과가 제로가 되는 시점에까지 이른다. 계산상에서 이러한 결과가 제로가 되는 연령대보다 더 짧은(혹은 더 긴) 시점을 선택하게 되면, 그 것은 인구성장이 야기하는 자동적으로 미리 결정된 불리한 (혹은 유리한) 결

Countries, Princeton, Princeton University Press, 1958.의 영감을 받는다.

과를 상정하는 것과 마찬가지다. 그런데 대부분의 인구경제학 모형은 몇 십 년, 많은 경우 **30년**이라는 단기적인 전망을 내놓고 있다.

투자의 정의 - 성장을 유도하는 투자의 개념은 일반적으로 협소하게 정의되고 있다. 그 이유는 실물·금융투자(l'investissement physico-financier)를 소비로 간주되는 사회적 투자(l'investissement social)(교육, 보건, 주택)와 현격하게 구분하기 때문이다. 그 논리는 다음과 같다. 인구가 빨리 성장하게 되면 투자의 상당부분을 고(高) 생산설비자산을 희생시켜가며 사회적 투자의 지출에 할애해야만 한다. 달리 말하면 인구급증은 실물자본 형성률에는 전혀 긍정적인 영향을 가져오지 않는 것으로 가정하게 되는 것이다. 그런데 인프라, 건축, 주택, 교육지출, 보건의 형태로 지출된 투자는 이러한 전망이 잘못된 것임을 말해준다. 오늘날 인적자본에의 투자가 경제성장의 주요 원동력 중 하나라는 것은 알려진 사실이다.

추가노동의 한계생산성 제로 가설 - 통상 알려진 바와는 반대로 노동자가 추가된다고 해서 한계생산성(限界生産性, *la productivité marginalle*)이 반드시 제로가 되는 것은 아니다. 예를 들어서 농업에서 관개사업의 경우 노동력 투입은 농업생산성을 개선하는 동시에, 그것을 증대시킬 수 있다..

오늘날 신맬서스주의의 주장은 인구성장이 생태계(_le systeme écologique_)나 노동시장에 가져다주는 위험 때문에 그 위력을 더해 가고 있다.

인구폭발의 대가

특히 아프리카 등 다수의 개발도상국에서 인구성장은 그 과도한 리듬으로 인해 성장에 방해가 될 수 있다. 이 리듬은 일부 강제적 요소를 야기함과 동시에 학교, 무료 보건진료소 등 기관과 경제제도에 대한 압력을 가중시킬 수 있다. 또한 국가의 취약성(脆弱性), 부패, 민족적, 경제적, 정치적 분열 같은 구조적 요소도 언급해야 할 것이다.

1970년대부터 사하라이남 아프리카에서 1인 당 식량생산은 감소하였다. 상당수의 국가에서 곡물부족은 해마다 악화되면서 두려울 정도의 지불능력(支拂能力, _la solvabilité_) 문제를 야기하고 있다. 이와는 반대로 남미에서, 특히 아시아에서 긍정적인 변화가 일어났다. 세계은행의 추정치에 따르면, 정상적인 활동적 삶을 영위하기 위해서 충분한 영양을 섭취하지 못하는 사람의 수는 8억에 달한다고 한다. 이는 단지 농업생산 발전이 불충분한데만 있는 것이 아니라 사회적 불평등 및 실업과 불완전 고용의 타격을 입은 상당수 인구의 미약한 구매력(購買力, _pouvoir d'achat_)에도 기인한다. 맬서스가 당시 제기하였던 식량문제는 비록 이 문제가 그가 예상했던 양상보다 전혀 다른 양상으로 제기되고 있긴 하지만 사라지지 않았다. 즉, 생물공학의 발전으로 인해 농업생산의 현격한 증가를 기대할 수 있게 되었고, 세기에 걸친 추세를 연장시켰다. 이러한 변화는 가장 가진 것이 없고, 직업이 없는 따라서 임금도 없는 인구의 구매력에 대한 문제를 해결하지 못하며 심지어는 이 문제를 악화시키기도 한다.

국제노동기구 사무국(*Le bureau International du travail*)에 따르면 1885년과 2025년 사이에 개발도상국의 경제활동인구는 14억 명 증가할 것으로 보인다. 아시아에서 8억 명, 아프리카에서 4억 3천만 명, 남미에서 1억 7천만 명만큼 증가할 것으로 보고 있는 것이다. 그런데 최근의 추계치에 따르면 '남부' 국가에서 불완전 고용은 이미 대략 40~50%에 달했을 것으로 보고 있다. 테크놀로지의 변동을 고려할 때, 고용의 수요와 공급의 격차는 더욱 커질 것이다. 도시지역의 실업사태의 악화로 인해 정치적 불안정에 대한 중대한 위험이 염려되는 상황이다. 그런데, 개발도상국의 전체인구가 매 25~30년마다 현재 속도로 두 배로 증가하는 반면 대도시에 있어서 이 두 배로 증가하는 기간은 많은 경우에 있어서 10~15년 밖에는 되지 않는다.

또 다른 심각한 우려사항은 생태계(生態界, *le ordre écologique*)의 문제이다. 인구압력으로 인해 자연의 수용능

력이 그 한계를 넘어야만 하는 상황이다. 대기, 물, 에너지, 희귀한 자연자원의 소비가 증가하였다. 사하라이남 아프리카에서는 물 부족을 두려워하고 있으며, 이는 농업근대화 노력을 위기에 처하게 할 수 있다. 또한 사막화(砂漠化, *la desertification*) 및 산림벌채도 증가하는 추세이다. 그런데 난방용 목재는 인류의 대략 **1/4**에 있어서 주요 에너지원이며, 이제 열대삼림(熱帶森林, *la forêt tropicale*)은 과도한 속도로 개간되고 있다.

2. 사건들: 제3세계의 복수

신맬서스주의에 대한 두려움은 적어도, 과거로 거슬러 올라가보면 항상 정당한 것은 아니었다.

창조적인 압력 혹은 어려움에 직면한 인간의 반응의 결과를 묘사하는 극단적인 역사적 경우를 예로 들어보자. 패전 직후, 폐허가 되고, 난민들의 물결에 휩싸인 독일과 일본의 경우 명망 높은 전문가들은 양국 모두 과잉인구와 함께 불행을 맞이할 것이라고 예상하였다. 그러나 이러한 예측은 전혀 맞지 않았다. 독일은 1천 2백만 명의 **난민**(難民, *les réfugiés)*을 수용했을 뿐 아니라 2백만 명의 **외국인노동자** (外國人勞動者, *le travailleur étranger)*들을 받아들였다. 더 유연성이 있고, 유동성이 있으며, 많은 경우 상당히 숙련된 이민자들은 그들의 노하우를 가지고 왔으며, 그들의 수 때문에 임금상승은 억제되고, 투자는 촉진되었다. 일반적인 예측과는 달리 실업은 늘지 않았고, 소득은 상당히 증가했다. 일본의 경우에도 이와 마찬가지로, 한국과 대만 등 기존의 식민지로부터 난민들이 복귀했지만 예상했던 것처럼 국가가 폐허화되지는 않았다. 그와는 반대로 이러한 난민들의 원대복귀는 재건에 힘을 실어주었다. '기적'의 단계에서 경제성장률은 1/4세기동안 연간 10%에 달하였다. 1957년부터 나타나기 시작한 저출산 현상이 계속해서 일어나고 있는 오늘날 일본은 젊은 연령층 가구를 대상으로 하는 시장의 침체를 목격하고 있으며, 노동력 부족현상이 심화되고 있다. 또한 1990년부터 일본은 성장 강세를 보이고 있는 중국으로의 수출전략에도 불구하고 경제침체를 겪고 있다.

Note 6-3 : 독일의 외국인노동자

1950년대와 1960년대의 노동력 부족사태에 직면하여, 독일정부는 1955년 이탈리아, 1960년 그리스, 1961년 터키, 1968년 유고슬라비아와 쌍무협정을 체결하였다. 이 협정에 의하여, 외국인 노동자들은 전문기술직이 아닌 경우에도, 독일에 입국하여 취업하는 것이 가능하여졌다. 외국인노동자들은 독일에서 1-2년동안 취업하고, 다른 사람들에게 기회를 주기 위하여, 본국으로 복귀하는 이른바 순환원칙(循環原則, le principe de la rotation)이 적용되었다. 그러나 많은 외국인노동자들은 본국으로 복귀하지 않고, 독일에 체류하고 그들의 가족을 초청하였다. 독일정부는 외국인노동자의 자녀들은 독일에 거주할 수 있는 권리(Aufenthaltsberechtigung)를 부여하였으나, 시민권을 부여하지는 않았다. 그들은 정주하여, 새로운 소수민족 공동체를 형성하면서, 독일정부와 사회의 여타부문은 그들과 독일인의 통합문제를 무시하게 되면서, 이들의 교육적, 종교적, 사회적 격리와 차별이 심각한 사회문제로 대두되고 있다.

일반적으로 말하자면, 인구증가로 야기된 공포에 대한 우리들의 경험은 과장되었다는 것을 알 수 있다. 유럽의 인구폭발이 제1의 세계적 경제호황(1850~1913)을 막지 못했던 것과 마찬가지로 제2의 경제호황(1946~1973)은 제3세계의 인구폭발과 우연히 일치했다. 유럽의 역사는 인구증가와 근대 경제성장으로 이루어지며, 둘 다 대부분의 경우 기술적 발전에서 기인한다. 서구세계의 경제적 역량은 증가하였고 따라서 상당한 비율로 증가하였다. **오늘날 이와 비슷한 성장이 덜 된 남미나 특히 아시아에서 시작되고 있다. 이 지역에서는 몇 세기동안에 걸친 경제침체와 완만한 경제성장을 거친 후에 제2차 세계대전 시기부터 경제 확장에 있어서 강세를 보이고 있다. '선진'국과 '제3세계'의 역동적인 국가 간의 상대적 소득 격차는 더 이상 벌어지지 않게 되었다. 분명 제3세계는 균등한 경제블록을 형성하는 것은 아니며 이 지역의 각국 경제발전은 서로 상당한 차이가 있다.** 블랙아프리카는 주변적인 위치를 차지하고 있다. 즉, 이 지역은 구매력 측면에서 세계 GDP의 2% 정도만을 차지하고 있을 뿐이다. 그러나 일부 분야의 상당한 발전은 주목할 만하다. 성인인구의 문맹률은 1950년 76%에서 1995년 30%로 감소하였다. 앞으로 몇 십 년 동안 프랑스를 포함한 구 산업국가는 지위격하를 체험하게 될 것이다. **반면 중국, 인도, 인도네시아, 브라질 등 신진 강국들은 그들의 국력을 부분적으로 인구학적 역동성**(*la dynamisme démographqiue*)**에서**

취할 것이다.

따라서 발전의 실패를 통제 불가능한 인구성장으로 돌리는 인구학적 결정론(人口學的 決定論, *la déterminisme démographique)*에 빠지는 것은 경계하여야 할 것이다. 발전전략의 분석에 의하면 이러한 실패는 무엇보다도 정치적인 실책과 부족함에서 오는 것이다. 특히 블랙 아프리카의 상황은 1960년대 일반적인 예측과는 반대로 대부분의 아시아 국가에 비해 농업에서나 기타 산업에서 상당히 뒤쳐지게 되었다는 점을 고려해볼 때 문제가 있음을 지적할 필요가 있다.

3. 가능한 해석들

맬서스 이래 모든 인구급증은 위험한 것으로 인식되었다. 그러나 **역사는 맬서스의 암울한 예측을 빨리 뒤엎었다. 맬서스 이론은 관리가 제대로 되지 않은 전통 농경사회에만 적용 가능하였다. 실제로, 이러한 사실에 기반을 둘 때 역사의 흐름에서 세 가지의 실수를 발견한다. 즉, 기술적 발전 그리고 이것이 생산력에 미치는 영향에 대한 무지, 인구의 무한성장에 대한 생각, 근대적 인구성장의 메커니즘에 대한 진단의 부정확함이 그 실수이다.** 마지막 실수를 좀 더 자세히 살펴보도록 하자. 인구성장은 비난 받아 마땅한 무책임에 연관된 과도한 출산율의 결과로 여겨진다. 그런데 유럽에서 두 세기보다도 더 그리고 유럽 이외의 지역에서는 1세기 동안 인구성장은 다른 논리에 기반을 두고 있었다. 즉, 인구성장이 사망률의 감소로 일어난다는 것이다. 빈국에 상당히 급속도로 일어났던 사망률의 저하는 서구의 의료기술을 개발도상국에 이전함으로써 얻어진 결과라고 여겨졌었다. 그러나 상황이 간단한 것만은 아니다. 사망률 저하(혹은 인구성장의 가속화)는 대규모의 경제적 난국이 유지되는 상황(인프라의 부재, 영양결핍상태, 문맹의 만연)에서는 일어날 수 없다. 따라서 빠른 인구성장은 어떤 면에서 경제적 효율성의 징조인 것이다. 과거의 재앙에 대한 승리는 천년동안의 숙명론의 퇴조를 가져왔다.. 인구학적 파도는 정적인 세상으로 여겨졌던 제도를 뒤엎어버린다. 여기 혁신의 촉매요인이 있지 않을까? 누가 내일의 안정 없이 투자하려 하겠는가? 자녀가 당당히 생존할 가능성이 있다는 확신 없이 어떤 가족이 자녀에게 적절한 교육을 제공하기 위해 필요한 노력을 하려 하겠는가? 사망력을 줄이는 기술의 이전은 상당한 경제적 위험을 수반하는 생산기술의 이전보다 더 쉽고, 비용도 더 적게 든다.

인구성장에 대한 부담이 가족들은 물론 공공기관의 경우, 그것을 감당하기가 상당히 힘들다는 문제가 남는다. 출산율의 저하가 늦게 일어난다면, 투자는 삶의 수준의 향상에 필요한 수준 이하로 위축될 가능성이 있다. 따라서 출산율 저하는 집중적인 자본축적의 선결조건이 된다. 인구정책이 가장 성공을 거둔 아시아 국가에서 인구정책이 고안된 것은 이러한 관점에서이다.

인구과밀화와 그 혜택

특히 경제적 침체 및 빠른 기술발전 시기에 과도한 인구성장으로 인한 폐해가 상당하다면 장기적으로 볼 때 인구밀도의 증가는 그 대신 무시 못 할 몇 가지 경제적 이점을 가지고 있다.

a) **인구밀도의 증가는 생산기술의 집중화를 촉진한다**. 네덜란드와 일본의 장기간에 걸친 농업생산의 이익은 이 점에서 명확한 예가 된다. 좀 더 일반적으로 살펴보면, **E. 보스럽(E. Boserup)**의 연구는 다양한 대륙의 농업생산의 비교역사를 근거로 하여 명확한 설명을 제시하였다. 관개와 농업기계화에 있어서 아프리카의 농업적 후진성은 틀림없이 인구규모의 부족과 무관하지 않을 것이다.

b) **인구밀도의 증가는 투자계획의 수익성을 향상시킨다**. 이는 투자계획이 도로, 고속도로, 공항, 통신망 등 인프라에 대한 것이건 산업 및 상업 시설의 설치에 대한 것이건 마찬가지이다. **시장규모가 클수록 부채상각비용**(負債償却費用, les le coût d'amortissement)**은 빨리 흡수될 수 있다.** 많은 계획운영이 인구밀도가 일정 수준을 넘어서야만 실행이 가능하다. 국제경쟁의 증대와 무기, 공항 등 일부 첨단

산업의 원자재비의 증가는, 경쟁과 비용의 증가가 실수의 가능성을 줄이기 때문에, 이 주장이 근거가 있음을 뒷받침 해준다..

c) 인구밀도의 증가는 주택 및 부동산 자본가치를 증대시 킨다. 도시의 지가책정(都市地價策定, *le valorisation des terrains urbains*)과 부동산 가격의 증가는 공간에 대해 증 대되는 경쟁과 관련이 있다. 쉽게 엄청난 재산을 얻을 수 있고, 이와 동시에 경제적 약진에 필수적인 일차적인 축적 의 기반을 마련하게 된다. 끝으로 인구밀도의 증가는 도시 화를 촉진하며 따라서 교류, 혁신 그리고 세계로의 개방도 촉진한다.

또한 성장하는 인구는 분업과 여러 단계에 걸친 생산에 대 한 준비가 더 잘 되어있다. 또한 이러한 인구는 국가의 일 반적 비용을 부담할 수 있다.

4. 인구고령화와 공공재정

우리가 알고 있는 모든 인구를 보면, 청년인구는 노년인구 보다 많다. 그러나 이러한 법칙이 역사상 처음으로 타당성 을 잃기 시작하고 있다. 현재의 출산율 추세가 계속된다면 유럽의 몇몇 지역과 저출산 현상을 경험하고 있는 모든 지 역에서 고령자 인구수는 유소년 인구수를 확실히 초과하게 될 것이다. 따라서 불과 **2~30**년 후에는 극단적인 경우에는 노년인구가 청년인구의 두 배가 될 정도일 것이다. 즉, 연령피라미드의 연령 축의 중심에서 상하가 역전되는 현상이 나타날 것이다.

이러한 인구의 고령화는 인구정체 심지어는 인구감소라는 상황에서 일어날 것이다. 이러한 일이 과거에는 일어난 적이 전혀 없었다. 이와 동시에 최근의 추세를 볼 때 가족구조에 상당한 변화가 있을 것으로 보인다. 즉, 독신이거나 자녀가 없는 가정의 증가 그리고 편모, 편부 가정의 증가가 그 예이다. 따라서 고령화의 영향을 있는 그대로 따로 떼어서 생각하는 것은 민감한 문제로 나타날 것이다. 특히 은퇴에 관련된 고령화의 재정적인 영향이 가장 많이 연구되었지만 고령화의 영향이 더 광범위하게 일어날 것이라고 그리고 경제 및 사회 전체의 운영체계가 이러한 인구변동의 영향을 받을 것이라고 충분히 생각해 볼 수 있다.

공공지출에 대한 압력- 은퇴 플랜은 전쟁 이후 현격한 발전을 거두었다. 프랑스, 이탈리아, 독일 같은 국가의 인구에 있어서 2005년 은퇴에 대한 지출이 GDP에서 차지하는 비율은 13~15%였으며 은퇴에 대한 지출은 앞으로 다가올 몇 십 년 동안 증가할 것으로 보인다. 따라서 독일에서의 일부 연구에 의하면 은퇴시기에 대한 법과 관행이 바뀌지 않는다고 가정할 때 50년 이내에 퇴직자의 수는 생산연령

인구(15~49세)의 수를 넘어설 수도 있을 것이며, 노년기에 들어가는 지출은 5~6배 증가할 수도 있을 것이다. 여기서 첨가할 사항은 경제활동에 참여하는 여성의 수의 증가는 사회보장 기여금을 지불하는데 공헌하고 있으나 이러한 여성의 사회참여는 결국은 재정부담의 증가로 표출된다는 점이다. 프랑스의 경우에 있어서도 이와 마찬가지로 모든 조건이 동일하다고 볼 때 2035년을 기점으로 인구의 고령화는 비율을 80% 증가시키거나 회수율을 거의 절반으로 (45%) 삭감하게 되거나 은퇴연령을 9세 상승시키는 결과를 가져올 것이다6). 여기서, 우리는 최종적으로 수용되는 정책이 위에서 언급된 각종 조치를 미묘하게 배합하는데 있다고 생각할 수 있을 것이다.

건강관련지출에 대해 분명히 민감한 중재가 이루어져야 할 것이다. 왜냐하면 건강관련지출은 가계소비에서 가장 우위를 차지하기 때문이다. 최고령 인구의 폭발적인 증가의 영향은 다른 비용의 급증(사회구조 및 생활방식의 변화 고통에 대한 인내 한계의 변화, 의료 혜택제공의 증가 의학기술의 발전, 가정의 분열 등)에도 첨가될 것이므로 더욱 민감한 사안이 될 것이다. 많은 경우에 있어서 '80세 이상' 인구는 인구변천의 과정에서 100배로 증가할 것이다.

비용의 증가가 피할 수 없다면 문제는 어느 범위에서 재정

---

6) G. Malabouche, L'évolution à long terme du système de retraite : une nouvelle méthode de projection, Population), 제1호, 1987, 9-38.

지원이 확보될 것인지에 대한 것이다. 달리 말해서 어떻게 우선순위 기준이 변화할 것인지에 대한 문제이다. 특히 생산성은 어떻게 변화할 것인가? 시장의 국제화와 내수시장의 상대적인 위축으로 인해 점점 더 수출에 의존하여야 하는 국가에서는 낮은 출산율의 유지가 중기적으로 볼 때 20년 이내에 실업 감소를 용이하게 함으로써 경제적 장점이 될 수 있다. 또한 보다 장기적으로 볼 때 작업비용의 증가와 만성적인 청년 노동력 부족에 대처하기 위하여 자동화 및 대량투자 전략을 촉진함으로써 경제적 장점이 될 수 있다. 이런 면에서 볼 때 저출산은 의외의 수단으로 사용될 수 있지만 모든 것이 정도와 기간의 문제이다. 왜냐하면 오랜 기간에 걸쳐 심하게 일어나는 저출산 현상의 경우 청년층의 유동노동력이 희박해지고, 인건비가 앙등하고, 사회집단이 보수주의와 혁신에 대한 공포로 점차적으로 치달으면서 구조적 경쟁력이 그것의 기반 자체에서 영향을 받을 가능성은 없는지 실제로 자문할 수 있다. 구 유럽국가의 지위하락이 지난 20년간 분명해졌으므로 이러한 주장은 더더욱 관심을 기울일 필요가 있다7) 1984년 이래 태평양을 횡단하는 교역은 대서양을 횡단하는 교역을 넘어섰고, 이러한 큰 변화는 해가 갈수록 분명해지고 있다. 따라서 미래 세대의 행복은 이러한 예기치 않은 인구학적 변동의 영향을 받을

---

7) J.C. Chesnais, *La revanche du Tiers Mond)*, Paris, Laffont, 1987.

것이다. 인구변천을 늦게 경험하고 신생국가들은 저렴한 인건비와 양호한 교역조건과 함께 새로운 세력으로 차례로 대두할 것이다. 아시아에서 떠오르고 있는 국가의 예로 중국, 인도, 인도네시아, 한국 등을 들 수 있다.

5. 생애주기, 출산과 생산

인구변동은 단순히 세계적인 요소에만 영향을 미치는 것은 아니다. 이러한 변동은 개개인의 일상생활에 엄청난 변화를 가져온다. 우리 조상의 삶은 현재 우리의 삶과 완전히 달랐다.

고대사회에서 단순한 세대 대체는 여성 인체의 심한 생리적 동원을 요구했다. 왜냐하면 결혼한 여성들은 적어도 평균 8번의 출산을 해야 했기 때문이다. 조기 사망, 독신, 과부 또는 홀아비로 살아가는 것 그리고 불임은 강한 출산율을 내포하고 있었다. 따라서 여성이 이 시기까지 생존의 가능성이 있을 때 여성은 평균적으로 18세에 결혼했다. 따라서 여성에게는 35년의 생존 연수가 남아있었다. 여성은 40세에 마지막 자녀를 낳곤 했고, 평균 6명의 자녀를 낳았다. 여성은 일생 중 총 6년을 수유하는데 보냈고, 임신상태 혹은 수유상태로 보낸 삶의 기간은 35년이었다. 배우자와 사별하여 결혼이 파기되는 경우가 거의 대부분이었다. 따라서 50세 여성이 결혼을 유지하는 비율은 대략 50% 밖에 되지 않았다. 반면 오늘날은 **90%**였으나 이혼이 결혼을 파기하는 주요인이 되었다. 오늘날 세대대체를 위해 필요한 출생아 수는 선진국에서 여성 당 **2.1**명의 자녀밖에 되지 않는다. 여성은 **25**세경에 결혼하고, 여성의 기대수명은 **60**세 정도이다. 자녀수는 평균적으로 **2**명 정도 밖에 되지 않고, 때로는 이보다 낮아지기도 한다. 그 예로 중유럽과 남유럽을 들 수 있다. 그러나 이 자녀들은 반드시 같은 부부 사이에서 태어난 것은 아니다. 왜냐하면 이혼하거나 헤어지는 경우가 자주 있기 때문이다. 임신과 수유의 총 기간은 기껏해야 **2**년 밖에 되지 않는다. 따라서 출산기능을 위한 여성 인체의 생리적 동원은 결혼생활의 **1/30** 정도밖에 차지하지 않는다. 반면 전통사회에서 이 수치는 **2/5**였다. 즉, 여성의 역할에 있어서 큰 변화가 있었던 것이다. 장 푸라스티에[8]는 이와 관련하여, '전통사회에서 묘지가 마을의 중앙에 있었듯이 죽음은 삶의 중심에 있었다.'고 기술하였던 점을 상기할 필요가 있을 것이다.

6. 예측형 고용관리

대기업 수의 급증과 인사부 등 여러 부서를 가진 서열화된 대규모 행정기관의 설립과 함께 급여와 승진은 연령(또는

---

8) J. Fourastié, De la vie traditionnelle à la vie tertiaire', Population, no.3, 1959.

근속기간)에 의해 좌우된다. 지난 몇 십 년은 인구학이 직장경력의 예측적인 관리(la gestion prévisionnelle)의 중요한 요소 중 하나가 되었다.

기업이나 행정기관은 여전히 직원들의 연령피라미드의 균형을 자세히 관찰하는 경우가 드물다. 그런데 이 균형은 직원들의 직장경력을 원활하게 진행시키는 것을 보장하고, 그들의 사회적 분위기의 질과 결국 그들의 생산력 향상을 보장하기 위해 매우 중요하다.

은행, 교육, 보건 혹은 연구 같은 일부 산업부문에서는 비정규직 취업이 이루어졌고, 이는 직원들의 연령 분포의 균형을 심하게 깨뜨리게 되었다. 이러한 상황은 개인뿐만 아니라 모든 해당 부문에 불리하게 작용하다. 개인적인 차원에서는 승진의 기회가 줄어들게 되고, 부문에 있어서는 경직화를 초래한다. 따라서 처음부터 (우수한 인재를 붙잡기 위해 노력하면서) 인구가 많은 세대를 재정적으로 격려하여야 하고, 재정난을 겪고 있는 젊은 층 중에서 사원을 뽑아야 한다. 이로 인해 젊은 직원들이 계속 진입하게 되고, 연장자들의 경직된 승진체계를 완화할 수 있다.

국제적 차원에서 직원관리를 잘 하는 것이 경쟁에 대항하는데 있어서 하나의 중요한 요소가 되고 있는 다국적 기업의 경우에도 같은 논리를 적용할 수 있다. 여기서 인력을 공급하거나 제품이나 서비스를 소비하는 국가의 인구가 갖는 이점이 표출되는 것이다.

제 7 장

인구전망

경제예측, 사회전망, 기술전망, 정치예측 등 다양한 전망의 영역 가운데 **인구전망**(人口展望, *la prospective démographique*)은 사건들의 변수의 가장 영향을 받지 않는 분야이다. 실제로 인구전망에 대한 신뢰도 분석은 베이비 붐, 저출산 등 역사적 급변을 제외하면 인구전망의 질은 상당히 높다는 것을 보여준다. 인구학자는 다른 사회과학 분야의 동료들과는 달리, 예측범위를 과감히 넘어서서 몇 년 후까지 내다보며, 몇 십 년 동안의 미래에 대해 탐구하는 유일한 학자라는 점이다. 뿐만 아니라 인구예측을 두 부분으로 나누어 보면 첫 번째는 예상하는 시점에서 이미 태어난 인구에 대한 것이며, 두 번째는 그 이후로 태어나는 인구에 대한 것이다. 첫 번째 인구의 장래는 채택된 사망률에 대한 관점에 대해 주로 좌우되며, 부차적으로 외국과의 인구이동, 곧 국제인구이동에 의하여 좌우된다. 거의 항상 이에 대한 착오는 적다.

이러한 사실은 방법의 확실성이나 채택된 가설의 정확성
보다는 탐구되는 분야의 특성에 기인한다. 특정 시기의 모
든 인구는 100여 개의 (출생)코호트의 집합일 뿐이다. 예측
하기에는 미묘한 행동에의 해 그 숫자가 좌우되는 출생 외
에 인구는 사망률에 의한 침식효과의 영향 하에서만 변화
할 뿐이다. 연령별 (출생)코호트 분포의 바꿀 수 없는 특성
(예를 들어, 80년보다 더한 세월이 지나고 나서도 제 1차
세계대전의 혼적은 유럽 국가의 연령피라미드에 새겨져 있
을 것이다)과 제3장에 설명된 연령에 따른 생명 유지에 필
수적인 행동에 관련된 생물학적·사회학적인 법칙들(출산
율, 사망률)의 혼합으로 인해 변화가 완만해지며, 따라서
인구학적 장래에 대해 가장 잘 예측할 수 있게 된다.

1. 인구모멘텀

경제적 데이터 (가격지수, 실업률, 무역수지, 금리, 환율 등)
나 정치적 데이터(여론, 정부구성, 혹은 의회 구성 등)와는
달리 예를 들어 인구 변화의 리듬은 느리게만 변화할 뿐이
다. 이 리듬은 상당히 무기력하며 이러한 인구모멘텀은 연
령 피라미드 상의 출산율과 관계가 있다. 따라서 특정 시기
에, 특정 인구는 연령구성 양상에 따라 다소 강한 성장 혹
은 감소 잠재력을 가지고 있다. 이론적인 예를 들자면 출산
율이 즉시 인구대체수준과 같아진다고 가정해보자. 달리 말

해서 장기적으로 볼 때 인구가 제로성장에 도달한다고 가정하는 것이다. 인구가 젊은지, 늙었는지에 따라 인구는 다소 긴 시기동안 증가하거나 감소하는 것을 반복하다가 차츰 제로성장에 가까워질 것이다. 출산연령의 세대가 많으면 출생률이 상대적으로 높고, 이와 반대로 노령 인구가 많다면 사망률이 높다. 이렇게 연령피라미드는 과거의 변화와 연관된 모멘텀 효과를 포함한다. 이러한 인구급증은 두 가지 측면에서 측정될 수 있다. 분자에서, 즉시 일어날 것으로 예상되는 세대대체 (도착인구) 수준으로 출산율이 회복된 후 인구는 궁극적으로 정지 상태에 이르게 된다. 분모에는 현재 인구(출발인구)가 있다. 국제인구이동, 곧 입국과 출국의 차이는 제로, 곧 폐쇄인구(閉鎖人口)라고 가정한다. 예를 들어, 케냐 같은 국가에서 1985년경에 출산율은 세대 대체 수준의 세배였다. 이 수치가 대번에 세대 대체 수준으로 떨어진다 하더라도 인구는 반세기 이상 여전히 계속해서 증가할 것이다. 연령 피라미드는 미래 부모가 될 잠재력이 있는 인구가 있는, 따라서 앞으로의 많은 출생을 의미하는 밑부분이 상당이 크고, 윗부분은 좁다. 따라서 앞으로 몇십년 동안 고령자는 거의 없을 것이고, 따라서 사망률도 낮을 것이다. 일정기간 동안 케냐의 인구는 연령 구성으로 인한 영향만으로 두 배가 이상 증가했을 것이다. 니제르와 예멘 같은 국가에 있어서 2005년에 유사한 추세가 나타났다. 이와는 반대로 일본에서 인구감소 잠재성은 이미 20%

에 도달했다.

현재의   프랑스에서는   이러한   **인구모멘텀**(*l'inertie démographique*)은 분명하기는 하지만 상대적 약하게 나타난다. 1974년 이후 프랑스의 출산율이 인구대체를 보장하는데 필요한 수준에서 15% 정도가 부족하였지만, 자연 증가는 계속해서 플러스를 유지하고 있다. 1946년부터 1973년까지 28개 연령층이 차면서 성장제로의 전망은 멀어졌다. 이 층들의 인구수는 850,000 출생 건수에 해당한다. 이 세대들은 2000~2005년경까지 다산소사의 시기를 거쳤다. 프랑스는 인구성장 속도가 느려지는 것은 면치 못하고 있다. 왜냐하면 연간 평균 인구성장률은 1960년대 1%에서 2005년경 0.4%로 감소하였기 때문이다.

이와는 반대로 서유럽의 많은 국가에서 1970년대부터 시작된 심한 저출산 현상을 고려해 볼 때 이 지역에서는 인구가 감소할 가능성이 상당히 있다. 현재 추세로 간다면 역사상 처음으로 인구증가율은 한 포인트도 채 안되게 될 것이다. 이미 독일과 이탈리아는 이를 경험하고 있다. 출산율이 안정수준으로 복귀한다고 할지라도 젊은 층이 없는 인구는 구성원의 상당부분을 잃게 될 것이다.

물론 대체수준의 출산율에 즉시 가까워지는 것은 (저개발국에서 출산율 감소로 인해 혹은 부국에서의 출산율 회복으로 인해 대체 수준에 가까워진다는 즉시 가까운 것은 유토피아적인 발상이다. 열대 아프리카, 아라비아 반도 등 출산율이 여성 당 5 자녀 정도로 여전히 높은 개발도상국에서는 출산율이 대체 수준까지 내려가기 까지는 (출산율이 이 수준에서 안정될 필요는 없지만) 몇 십 년이 걸릴 것이다. 바꾸어 말하면 부국에서 출산율은 어느 정도 시간이 지나야만 이 정도 수준까지 올라갈 것이라고 예상된다. 달리 말하면 인구성장 제3세계의 청년층 인구의 성장 잠재력은 추정되는 증가율보다 상당히 높다. 이에 반해 서구국가의 인구감소 잠재력은 이 비율이 나타내는 것보다 더 높다. 따라서 이 두 지역 간의 전례 없는 격차가 나타나게 되는 것이다. 국제 이주가 이 불균형을 완화하는데 도움이 될 수는 있지만 이주가 연령 피라미드에 가지는 영향은 미미하다. 입국하는 이민의 경우는 부모 없는 아이들에게만 국한되어야 할 것이다. 반면 인구수와 이에 상응하는 정상 리듬에 대한 영향은 현저하여서 모든 인구감소를 제한하거나 심지어는 억제하기조차 할 것이다.

인구에 대한 전망은 주로 여러 가지 계획을 목적으로 사용된다. 그 예로 학교 및 병원 건설, 인프라 설립, 예산과 보조금 측정, 대표 회의에 일정 수의 의석 배정 등을 들 수 있다. 또한 이러한 인구 전망은 이러이러한 시나리오를 성사시키는데 관련된 결과를 보여주는 행동을 명확하게 해준다는 장점이 있다. 교육적 장점 외에도 인구전망은 정치적 결정에 도움이 되는 수단이다.

2. 장례인구추계의 원칙

장래인구추계는 처음에는 총인구만을 추정하였다. 이 추정은 출발인구(出發人口, *la population de départ*)(또는 기준인구)에 지속적 성장을 가정하고 단순한 수리적 법칙을 적용하는데 있었다. 보방(*Vauban*)에서 오일러(*Euler*)를 거쳐 맬서스(*Malthus*)에 이르기까지 그 법칙은 연속적 통계조사의 성장에 대한 관찰을 근거로 결정되는 기하급수에 해당하는 것이었다. 한편, 로지스틱 곡선의 성장법칙(*loi de croissance logisitique*)에 대한 가설이 적용된 것은 케틀레(*Quételer*)와 그의 제자인 베르윌스트(*Verhulst*)에 의해서였다. 로지스틱 곡선을 간단히 설명하면, 인구가 처음에는 기

로지스틱 곡선

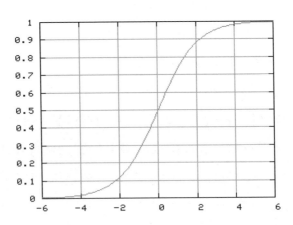

하급수적으로 성장하다가, 일정시점에 이르러 성장률이 비례적으로 감소하기 시작하여 최종적으로 제로에 수렴하는 곡선이다.

초기의 장래인구추계는 연령별 인구구조라는 가장 중요한 요소를 고려하고 있지 않다. 이것이 '요인법'(*la méthode des composants*)이라고 불리는 것의 기반이 된다. 따라서 장래의 인구는 총인구뿐만 아니라 성 및 연령별 구조도 추계될 수 있다. 오늘날 이 방법론을 모든 장래인구추계에서 사용한다.

장래인구추계는 성·연령별 기준인구의 설정에서 시작한다. 기준인구는 신뢰성이 가장 높은 인구를 설정한다. 따라서 여기서는 대부분 지난 센서스 본조사의 실시일자에서 가장 가까운 1월 1일의 인구가 된다. 1월 1일은 지난해의 코호트와 연령이 정합성을 갖도록 하는데 도움을 준다. 그리고 장래인구추계는 두 단계에 걸쳐서 실시하는 것이다. 제1단계는 이미 태어난 인구에 대해 생각하는 것이고, 제2단계는 앞으로 태어날 인구에 대해 생각하는 것이다. 과거의 추세를 확대적용 해서 얻어진 사망률에 대한 가설을 토대로 하여 생각해보면 각각의 성에 대해서 이 시기 초기의 여러 세대의 사람들 중 생존자의 수를 결정짓게 된다. 여러 가지 시간 범위(1년, 2년…, 5년…, 10년…, 50년)에서 연이은 단계를 통해 추정이 이루어진다. 두 번째 단계에서는 장

Note 7-1: 유엔의 장래인구추계

유엔경제사회국 인구처(UNPD, Population Division) 는 글로벌 장래인구추계인 세계인구전망(World Population Prospects)을 1951년 최초로 큰 지역(류) 으로 구분하여 발표하며, 1968년부터 개별국가 의 장래인구에서 출발하여 대륙과 세계 전체의 인구를 추계하는 상향식 접근방식(bottom-up approach) 을 채택하였다.

유엔의 장래인구추계는 주기가 2년 또는 3년으로 2015년 7월에는 24차 개정판을 발표하였으며, 세계 233개 국가에 해 2100년까지의 추계결과를 제공한다. 유엔에서는 세계 각 국의 인구 및 인구변동 요인별 자료를 바탕으로 코호트요인법(cohort component method)을 적용하여 추계한다.

기준인구는 세계 각국의 센서스 등을 기초로, 인구동태통계와 인구균형방정식을 이용하여 기준연도의 7월 1일 인구를 추정한다.

출산력 추계를 위해서는 각국의 과거 출산율 추세 를 토로 베이지안 계층모델(Bayesian Hierarchical Model; BHM)을 적용한다. 출산력 변화를 고출산 유 지단계고출산에서 저출산으로의 전환단계(Ⅱ), 저출산 유지단계(Ⅲ)로 구분하고, Ⅱ단계는 BHM을 이용한 이중 로지스틱 함수로, Ⅲ단계는 1차 자기회 귀과정인 AR(1)을 적용하여 출산력 전환과정을 모형 화 한다. 이 모형을 활용하여 국가별 상황에 맞는 장 래 출산력 수준을 추정한다.

사망력 추계도 BHM 모형을 적용한다. 우선, 여자 의 기수명을 BHM이 적용된 시계열 모형으로 추 정한다. 이후 남자와 여자의 기수명을 오차항이 고려된 자기회귀 모형으로 예측하고, 이를 토로 남자의 장래 기수명을 추정한다.

국제이동은 기초자료의 부족 및 시계열적 불규칙 성을 감안하여, 최근수준이 유지되는 가정 등을 적 용한다, 즉 부분 국가의 입국에서 출국을 제한 국 제순이동이 2049년 전까지는 최근 수준을 유지하다 가 2050년부터 점차 감소하여 2100년에는 0에 이를 것으로 가정한다.

래 출산율에 대한 가설(유사한 전형적인 예에 준거하여 채택된 다양한 형식이 일반적으로 받아들여진다)로부터 추계기간 동안 발생하는 출생건수를 추정한다. 이 출생아 수은 출생성비를 기준으로 성별로 구분되고, 장래 생명표의 생존율을 적용하게 된다. 최후 단계에서는 외국과의 국제인구이동을 고려한다.

3. 대륙별 최근전망의 결과

다음은 유엔 (2003)에 의한 선진국과 개발도상국에서의 과거의 인구변동과 향후 예상되는 인구변동을 보여주고 있다 (수치, 단위: 백만)

세계 인구는 2025년부터 2030년까지 80억 선을 넘을 것으로 보인다. 선진국과 개발도상국에서 이미 진행된 인구성장, 기술발전 그리고 산아제한 기술 보급을 고려해 볼 때 다음 세기 중반에 장기적으로 인구가 80억~100억 정도에서 안정될 가능성은 멀리 내다볼 때 빈번히 예상되고 있다. 또한 이 수준을 넘으면 세계인구가 감소하기 시작할 것이라는 전망도 전혀 불가능하지 않다. 오늘날 일부 선진국에서 인구감소 현상을 보이는 것과 같은 맥락에서이다. 단지 이는 멀리 내다보았을 때의 일이고, 전반적인 전망이며, 이는 국가 간 그리고 대륙 간에 존재하는 차이를 염두에 두어야 한다.

인구가 감소하는 추세인 OECD 국가들에 비해 제3세계 국민들은 향후 몇 십 년 동안 인구수로 압도할 것이고 또한 정치적으로 영향력을 행사할 것이다. 제3세계는 결코 획일화된 블록을 형성하는 것은 아니며, 이 지역의 불평등한 경제발전은 상당기간 계속될 것이다. 그러나 인구변동은 반드시 영향을 미치게 될 것이다. 인구성장과 경제성장이 각각

세계인구의 전망: 1950-2050

	1950	2005	2050
세계	2,519	6,454	8,919
선진국(1)	814	1,209	1,220
유럽(2)	548	725	632
개발도상국	1,706	5,245	7,699
아프리카	221	888	1,803
라틴아메리카	167	558	768
아시아	1,399	3,918	522

(1) 북미, 일본, 유럽, 호주, 뉴질랜드.
(2) 구소련 유럽국가 포함

자료: Nations Unies, *World Population Prospects: The 2002 Revision*, New York, 2003)

에게 반응하면서 협력하는 것은 경제적 힘의 재분배를 가져오는 성향이 있다. 다소 장기적으로 볼 때 아마도 대규모로 이루어질 변동은 세계적으로 경제체제들의 서열화를 예상하게 한다. 이는 얼마 전에 일본경제 그리고 브라질 같은 아시아와 남미의 신생 산업 국가들의 확장과 더불어 이미 나타났던 일이다.

아프리카는 여전히 인구성장 잠재력이 가장 강한 대륙이다. 에이즈의 확산이 이 데이터에 미치는 영향은 에이즈가 가장 만연한 국가(남아프리카 공화국, 보스와나, 케냐 등)에서 중기적으로 어떤 의학적 발견이나 치료법이 도입되지 않는 경우를 제외하고는 제한적일 것이다. 현재부터 2025년까지 예상되는 인구증가율은 이 지역에서 반으로 줄겠지만 이러한 파국적인 영향에도 불구하고 이 지역의 인구는 적어도 두 배는 증가할 것이다. 지금부터 100년 동안 아프리카는 1960년대의 아시아 정도의 인구를 가지게 될 것이다. 이러한 아프리카 인구의 급증은 상당한 격변의 원인이 되어서 출산율 감소는 늦어질 것이다. 이러한 인구 증가는 엄청난 사회적, 정치적 위험을 내포하고 있다. 그 예로 고용, 물부족, 도시개발 부족, 영양균형 부족, 정치적 안정성 부족, 에너지 부족 혹은 국제관계의 결여(민족 간의 긴장관계, 도시에서의 폭동, 국경침입의 위협) 등을 들 수 있다. 그 대신 선진국은 점차적으로 특권을 포기하여야 할 것이다. 그러나 이와 동시에 해당 사회에 대해 인구가 풍부하다는 것은 희망과 변화를 의미한다. 현대사회는 잘 통솔되기만 한다면 그 기술적 역량으로 인해 과거 사회에 비해 적응의 가능성이 훨씬 더 많다는 것을 역사가 계속해서 증명하지 않았는가? 일부 기본조건(최소 인구밀도, 발전에 도움이 되는 제도, 국제적 개방, 교육수준이 충분한 국민)이 같이 나타나는 곳에 따라잡을 수 있는 가능성은 상당히 크다.

인구변천의 과정을 통하여 초래되는 차이점은 종교의 분포와 세계의 영적인 흐름의 영향력을 바꿀 것이다.

1980년에 인류의 1/3 가량이 공유한 유태·기독교의 전통은 다음 세기 말에는 1/5 밖에 되지 않을 것이다. 서구 세계에서 현저하게 나타나고 있는 기독교 인구의 감소는 남미의 인구모멘텀을 통하여 제지되었을 따름이다. 이것은 이슬람과 명백하게 대비된다. 이슬람이 영향력을 미치는 지역에서 인구가 네 배로 증가하면서 이슬람의 세력은 급속히 우위를 점하게 되었다. 따라서 이슬람 전통은 결국 대략 25억 인구에게 영향을 미칠 수 있을 것이다.

4. 변천이후 사회의 미래

현대사회에서 프랑스는 출산율 저하를 경험한 세계 첫 번째 국가이다. 세대들이 존속하는 동안의 실제적 행동을 살펴보면, 그리고 그 세대들이 경험했던 사망률과 그들이 지나왔던 다양한 시대에 나타났던 출산율을 고려해볼 때 나폴레옹 시대 이후에 태어난 여성세대 중 양차대전 사이에 태어났으며 '영광의 30년'을 살았으며, 베이비붐 세대인 세대만 수적으로 세대 대체가 가능할 정도로 충분한 수의 자녀를 가졌다는 사실을 알 수 있다. 19세기 말에 태어난 세대의 출산율이 가장 낮았다. 1891년부터 2000년까지 여성세대의 순재생산율은 1차 세계대전의 충격으로 0.68 정도밖에 되지 않았다. 연령피라미드의 초기 도약, 평균 수명의 연장 그리고 외국으로부터의 이민자 유입만이 프랑스 인구가 급격히 감소하는 것을 막아주었다. 이는 더 이상 프랑스의 경우만이 아니다. 왜냐하면 전후시기를 제외하면 저출산은 서구국가의 선진산업국가에서 지속적으로 나타나는 경향이라는 것을 알 수 있기 때문이다. 1970년대부터 유럽에서건 북미에서건 그리고 보다 최근에는 동아시아에서건 저출산 현상은 일반화가 되어서 세계 다른 지역에도 번져가고 있는 실정이다.

실제로 가장 큰 번영을 누리는 국가에서는 전례 없는 출산율을 보이고 있다. 출산율은 가장 과감한 시나리오가 예측한 것 이하로 떨어졌다. 출산율 위기의 지리적인 확산의 규모, 기간 그리고 속도는 다음과 같은 것을 생각하게 한다. 먼저 19세기 프랑스의 행태가 전조로서 작용하였다는 생각이다. 그리고 다시 균형을 찾는다는 것은 유토피아적인 발상이라는 것이다. 이러한 유토피아는 이례적인 상황들 사이의 경쟁을 촉진할 뿐이다. 이러한 이례적인 상황으로는 세계대공황과 제2차 세계대전이 초래한 충격 이후의 시기 등을 들 수 있다. 따라서 미래에 대해서 생각할 때 이러한 '영구적 저출산 시기'를 염두에 두어야 할 것이다. 또한 기대수명의 연장은 가장 빈번히 예측되었던 수준을 넘어섰다는 것을 덧붙여야 할 것이다. 다소 심한 저출산의 지속과 성숙연령과 고령자들의 사망률의 감소의 결합은 가속화되는 고령화로 표출된다. 이 고령화 현상은 특히 EU 국가로 가는 순국제인구이동률이 미국에서 관찰되는 비율보다 낮기 때문에 더욱 더 비난의 대상이 되고 있다.

물론 장기적으로 볼 때 (프랑스의 역사가 잘 보여준 바 있듯이), 전망에 대한 연구 대부분이 계속해서 그러하듯이 이민이 제로가 된다거나 무시할만한 것이라고 생각하는 것은 현실성이 부족하다. 국제화가 더욱 더 확연하게 진행되는 세계에서 젊은 인력 부족의 심화와 이민의 부재는 양립할 수 없다. 지중해 남부 국가에서 오는 이민에 대한 압력이 향후 몇 십 년 동안 증가할 것이므로 이 주장은 더욱더 설득력이 있다. 그러나 이민은 고령화 과정에 미치는 영향은 제한적이다.

따라서 가능한 모든 도전정책을 생각해보아야 하며, 그렇다고 해서 일부 장애물에 걸려 넘어져서는 안 된다. 이러한 장애물의 예로 만성적 낙관주의 혹은 낙담시키는 극단적 비관론 등을 들 수 있다. 이러한 극단적인 입장 중간에는 실용적 상대주의가 있다.

퇴직의 장래 혹은 조절 폭

프랑스에서 퇴직제도는 빈번히 비판의 대상이 되고 있다. 조만 간에 이 제도가 실패로 끝날 조짐이 보인다. 그러나 우리는 이미 문제점이 노출된 퇴직제도의 현재에 대해 논하기보다는 비록 가설적이기는 하지만 이 제도의 미래에 대해 더 자발적으로 논한다. 그런데 분석은 프랑스의 퇴직제도는 세계에서 가장 우수하거나 가장 우수한 제도 중 하나라는 것을 보여준다. 왜냐하면 이 제도는 우선 보기에 모순적으로 보이는 여러 장점들을 합쳐놓고 있기 때문이다. 즉, 조기퇴직, 높은 수혜자 비율, 높은 연금 등이다. 프랑스

인구의 상당수가 전반적으로 여유 있는 퇴직연금의 수혜대상이 되고 있다. 즉, 퇴직의 황금시대를 맞고 있는 것이다. 퇴직자들 가정의 삶의 질(특히 젊은 퇴직자들에게 있어서)은 평균적으로 생산연령인구보다 높고, 지난 30년 동안 이들 사이의 삶의 질의 격차는 벌어지기만 했다. 앞으로는 과거에 비해 더 상황이 심해질 것이다. 분명 생산력의 증가는 고령화의 엄청난 도전에 맞서는데 도움이 될 것이다 (2005년에서 2035년까지 1946년부터 1973년 사이에 태어난 세대 전체가 퇴직연령에 도달할 것이다) 이는 드라마에서 예기치 않게 나타나 절망적인 상황을 해결해주는 인물에 호소하듯이 생산력의 발전에 호소하는 기존에 존재하던 낙관론적인 주장이다. 그러나 이 낙관론은 유일하며 지정한 문제를 전혀 해결하지 못한다. 이는 활동인구와 퇴직자 사이의 생산력 분배문제이다. 활동인구가 퇴직자들을 희생시켜가며 무한정 그들의 몫이 줄어드는 것을 받아들이라는 보장은 없다. 그렇다고 해서 퇴직연금이 지불되지 않을 것이라는 결론을 내려서는 안 된다. 가장 실현 가능한 시나리오는 과거의 과도한 것을 조금씩 수정해 나가며 균형을 회복하는 것이다. 실제로 조정할 수 있는 여지가 여러 가지 있다. 연금 전액을 받기 위해 필요한 직장생활을 늘릴 수 있다. 예를 들어, 현재 규정된 150 사분기의 활동에서 165 혹은 180 사분기 혹은 그 이상으로 늘리는 것이다. 또한 가장 유리한 기간(급여가 높았던 25년 혹은 단 1년)의 급여만

따져서 연금을 측정하는 것이 아니라 직장생활동안의 급여 전체를 따져서 계산하는 것이다. 그리고 퇴직권리의 개인화를 통해 연금의 누적(고유 권리 + 부차적 권리)을 완화하는 것이다. 그리고 외국 인력의 유입도 예로 들 수 있다.

이민의 필연성- 유럽에서 계속되는 저출산은 그것이 초래하는 공백과 약화로 인해 대량의 이민에 대한 가설을 펴지고 있다 (이탈리아, 스페인 혹은 그리스에서의 불법이민에 대한 생각이다). 이는 지난 세기 유럽인이 다른 지역으로 이민가게 한 이유와 같은 이유에서이다. 분명 미래의 유럽은 어제의 아메리카 대륙과는 달리 빈 대륙이 되지는 않을 것이다. 그러나 남부 국가들(아프리카, 중동지방, 아시아)의 이민에 대한 압력은 구유럽에서 그랬던 것보다 훨씬 강하다. 두 배 더 높은 인구리듬으로, 삶의 질, 소득 그리고 사회보장 격차로 인해 정치적 불균형으로 인해 (지중해 북부에서는 민주주의, 남부에서는 권위주의)서이다. 지리학적으로 거리는 더욱 좁아졌고, 이동은 더욱 쉬워졌으며, 국외탈출 안내인들의 망은 더욱 잘 조직되었다. 이에 덧붙여, 현지 노동력이 더욱더 필요함에 따라 그리고 그들의 일자리를 세계화 하는 것이 의무화됨에 따라 경영인들은 더 비용이 저렴하고, 더 유연성이 있는 외부 인력에 의지한다는 것을 알 수 잇다. 여기서 한 가지 문제가 되는 것은 어떻게 원칙적으로 불가피한 이러한 변화가 실제 상황에서 이루어지는지에 대한 것이다. 이러한 변화가 받아들일 수 있는 조건에서 이루어질 경우 혹은 현존하는 여러 가지 공동체에 있어서 너무 혼돈적인 상황에서 이루어질 경우에 말이다.

실제로, 유로바로미터의 조사에 의하면 EU의 어떤 국가건 간에 설문응답자의 1/3은 '공개적으로 인종차별주의자'라고 응답하였으며 1/3은 '비교적 인종차별주의자'라고 하였고, 1/3은 '관심없다'으며, 관대하게 생각한다고 대답하였다. 정치지도자들이 전도유망하고, 대담한 이민정책(보편적 쿼터제 등)을 실시하는데 왜 주저하는지를 알 수 있다.

Note 7-2: 전후 프랑스의 국제인구이동

프랑스는 제2차 세계대전 이후, 출산율이 반등하기 시작하였다. 그러나 전후복구로 고도경제성장을 경험하였던 프랑스는 해외로부터 많은 이민이 유입하였다. 그들의 출신국은 주로 포르투갈과 북아프리카의 마그리브 지역이었다. 최초의 이민물결은 1950년대와 1960년대 초에 시작되었는데, 그 이유는 알제리아 식민통지의 종결로 시작된 이민유입이었다. 1962년와 그 후의 몇 년 동안에 걸쳐, 알제리아에서 100만 명 이상의 이민이 유입되었다. 이것이 바로 프랑스에서 3백만 명이 넘는 알제리아계 프랑스인의 문제를 낳는 요인이 되었다. 1970년대 후반에는 경기가 침체되면서 해외이민을 엄격히 규제하는 법안이 1980년대에 통과되었다. 이민은 가족재결합이나 난민의 경우에만 허용되었다. 불법이민이 유입되기는 했지만, 1980년대와 1990년대의 이민은 1960년대와 1970년대보다는 소규모였다. 대신, 해외로 출국하는 이민은 행선지가 다양해졌고, 새로운 이민은 아시아와 사하라이남 아프리카에서 유입되었다. 1970년대는 라틴아메리카의 쿠데타 이후, 칠레와 아르헨티나 출신의 정치난민이 프랑스에 유입되기 시작하였다. 이슬람국가들로부터의 대규모 이민은 프랑스에서 많은 논쟁을 불러 일으켰으며, 인구학자들은 유럽이 제3세계 국가들에 의하여 식민화되고 있다고 주장하였다. 반면, 사하라이남 아프리카와 서인도의 이민들은 프랑스 국내의 인종주의 문제로 어려움을 겪기는 했지만, 사회문화적 통합을 지향하는 프랑스의 이민정책에 의하여 보다 나은 생활을 향유할 수 있게 되었다.

2006년 현재, 프랑스 통계청의 추정에 의하면, 프랑스 인구의 **8%**에 해당하는 **490**만 명의 외국출생 이민이 프랑스 국내에 거주하고 있다. **1999**년 프랑스 센서스에 의하면, 외국인 인구는 **670**만 명으로 총인구의 **10%**에 해당하는 것으로 집계되었다. 프랑스의 국내거주 이민자는 과거 식민지였던 아랍과 아프리카의 인구를 상당수 포함하지만 대부분 이탈리아, 스페인, 포르투갈, 폴란드, 루마니아, 러시아, 우크라이나, 구유고 등의 동구권과 구소련의 유럽계 이민이 대종을 이루고 있다. 프랑스 국내거주 이민자의 구성비는 영국 **8%**, 독일 **9%**, 네덜란드 **18%**과 비교할 때, 영국과 독일의 수준과 비슷한 것으로 알려지고 있다. 유럽과 북아프리카 외에 프랑스 국내거주 이민자는 캄보디아, 베트남, 세네갈을 주요 출신국으로 하고 있어서, 프랑스의 과거 식민지 지배의 편린을 엿보게 하고 있다.

제8장

인구정책

우리는 **"인구정책"** (人口政策, *le politique de population*) 을 국가라는 측면의 일반적인 관점에서 보았을 때 바람직하다고 생각하는 방향으로 국민들의 출산·결혼·사망·이동 등의 인구행태를 바꾸는 것을 목적으로 하는 모든 국가적 조치를 말한다.

1. 국가개입의 정당성

출산율이 지나치게 높은 국가에서 출산율을 낮추기 위한 국가개입의 원칙은 오랫동안 논란의 대상이 되었다. 1974년 부카레스트 국제인구회의는 이데올로기적 다양성의 절정이었다고 할 수 있다. 이러한 국가개입은 세계 여러 정부 사이에서 의견의 일치를 본 상태이다. 단지 출생아 수를 줄이는 방법이라든지 산아제한 정책에 실제로 어느 정도의 중요성을 두어야 하는지에 대해서만 의견의 불일치가 있을 뿐이다.

중국대륙의 경우 출산율의 억제는 강압적 방법을 동원하였는데, 여기서는 출산율저하의 요인은 만혼(晚婚), 부부별거, 불임, 강제적 낙태, 제제와 보상제도 사회적 압력 등을 들 수 있다. 반면 홍콩이나 대만에서 출산율 저하는 더욱 현격하게 나타났으며 이 지역에서 출산율 저하의 원인은 기본적으로 부유해졌다는데 있었다. 따라서 중국과 홍콩 및 대만의 경우 서로 다른 길을 택했다고 할 수 있다.

일반적으로 볼 때, 중국, 인도네시아, 태국, 한국, 말레이시아, 스리랑카, 인도의 케랄라 주, 멕시코 등 개발도상국가 대부분에서 1970년부터 나타나기 시작한 출산율의 저하는 정부주도의 가족계획정책 때문이다. 이러한 정책은 심각한 정치적 위기로 인해 중단되었었다. 그 예로 중국의 문화혁명(1966~1971), 인도의 비상사태(1977~1978), 이란혁명(1979), 파키스탄의 정치적 불안정(1972~1979) 등을 들 수 있다. 그러나 이러한 정책의 정당성에는 더 이상 문제가 제기되지 않는다.

이와 정반대의 경우 상황은 완전히 달라진다. 즉, 출산율 저하를 보이는 국가들의 경우이다. 국가 불개입의 원칙에 기반을 둔 상태에서 출산에 대한 결정의 사적이고, 은밀한 성향이 자주 언급된다. 이렇게 표명된 중립성은 이제 더 이상 가식밖에는 되지 않는다. 왜냐하면 부부가 자녀를 낳거나 낳지 않을 권리는 사실 많은 가족들에게 피해를 준다. 실제로 자녀 양육에 드는 비용, 공간 그리고 시간은 약간밖에 보상받지 못한다. 반면 이와는 반대로 산아제한 기술이 발전하였고, 사회보장제도가 이러한 기술에 대한 책임을 지고 있기 때문에 자녀의 출산을 포기하는데 드는 육체적, 심리적 비용은 무시할만한 정도가 되었다. 선택의 두 가지의 측면 사이에는 불균형이 있다. 사실 '자유로운 선택'이란 없다.

다음과 같은 이유로 오늘날 국가의 개입은 정당할 뿐만 아니라 합당한 것으로 여겨진다.

---- 프랑스와 같은 국가에서는 부부들의 잠재적인 요구가 있는데, 이러한 잠재적 요구는 부부가 출산하고자 하는 자녀의 수와 실제로 태어나는 자녀 수 사이의 상당한 격차로 표출된다. EU 주요 국가들 중에 프랑스는 아이를 낳고자 하는 욕구가 가장 강하게 나타나는 국가이다. 그런데, 충분한 출산장려가 이루어지지 않기 때문에 일반적으로 가족계획은 시간이 갈수록 영향력을 잃어가고만 있다. 많은 부부들이 가족을 늘리는 것을 포기한다. 유로바로미터(Eurobarometer)의 조사에 따르면 이탈리아, 스페인 등 출산율이 가장 낮은 국가에서 이러한 격차는 최대가 된다. 즉, 한 커플 당 한 자녀 정도이다. 그런데 이러한 국가들에는 특히 출산휴가, 탁아소, 주거, 세금공제, 출산수당 등 가족 정책이 없다.

---- **사회보장제도의 확립은 사실상의 세대간 단결을 가져
왔다.** 그런데, 세대 간의 계약조건은 다시 논의해볼 필요가
있다. 왜냐하면 사회예산의 증가는 노인에 대해서는 대폭
혜택을 주고, 아이들은 희생시키는 방향으로 나아가고 있기
때문이다.

----**지금까지는 출산율을 대체수준으로 돌려놓기 위해 충분
한 정도의 어떤 자발적인 개혁도 이루어지지 않았다.** 이는
30년 혹은 그 이상 전에 출산율 저하가 시작된 국가에서조
차도 마찬가지이다.

15-20년 동안 모든 국가가 출산율을 줄이고자 한 것은 경
제적 이익을 위해서였다. 왜냐하면 산아를 제안하면 국가비
용을 줄이게 되기 때문이다. [이것이 '**인구기회**(人口機會,
la opportunité demographique)'의 창에 대한 이론이다] 그
러나 장기적으로 볼 때 인구가 적은 세대가 생산연령에 도
달하게 될 때 상황은 뒤바뀌고, 향후 차세대의 복지나 지방
자치단체에 대해 점점 더 불리하게 작용하게 된다. 따라서
국가의 영속성을 책임지는 역할을 하는 국가는 가족적 선
택에 있어서 자유와 공평성의 진정한 조건을 조정할 의무
가 있다. 자녀를 가지기로 하는 사람들에 대해 덜 불리한
규정을 확립함으로써 개인적 선택을 집단적인 최적상태로
이끌게 하는 것은 국가의 역할이다.

이제 여성들은 노동시장에 다량으로 진출하게 되었고, 동시에 어머니가 되는 것도 바라고 있다. 따라서 가정에서의 삶과 직장에서의 삶의 균형을 이룰 수 있게 하고, 아버지들이 아이들과 배우자에 대해 가사일 등에서 책임감을 가지게 하고 아버지들이 시간을 더 낼 수 있게 하는 조치가 취해져야 한다.

그러나 특정 조치가 어느 정도로 효과가 있을 수 있을지 자문해보는 것은 중요하다. 이러한 효율성은 취해지는 정책의 내용에 따라 달라진다. 취해진 조치의 사회적 기회, 재정적 (혹은 사회적)으로 주어진 자금을 푸는 것의 중요성,

---

Note 8-1: 인구보너스

인구보너스(Dividende démographique)는 전체인구 중 생산연령인구의 구성비가 늘어남으로 해서 경제성장률이 상승하는 것을 말한다. 이것은 통상적으로 출산율이 감소하고, 유소년인구부양비가 저하하는 인구변천의 나중 단계에서 일어난다. 이러한 인구기회의 창에서는 1인당 생산액이 증가한다. 한국, 중국, 싱가포르, 타이완, 홍콩 등의 동아시아 국가와 지역에서 인구보너스는 경제기적을 가져왔다고 주장하며, 1990년대 아일랜드의 경제 붐은 1970년대의 가족계획 확산과 이에 따른 출산율의 저하를 들기도 한다. 아일랜드에서, 아일랜드에서 피부양인구 대비 노동자 인구의 비는 출산력 감소에 의하여 증가하였으며, 여성의 노동시장 참가증가와 해외이민의 역이민 현상에 의하여 노동자 인구는 한층 더 증가하였다. 반면, 아프리카는 출산율이 여전히 높고, 영유아인구부양비가 높으며, 이것은 경제성장의 걸림돌이 되기도 한다. 인구보너스는 단순한 선물이 아니라, 경제체제의 고용흡수 능력과 추가노동자를 생산적으로 고용할 수 있는 능력에 의존한다. 저출산은 일차적으로 유소년인구부양비의 감소와 노동력인구 구성비의 상승을 가져온다. 그러나 상대적으로 규모가 큰 노동력인구가 고령화하면서, 인구고령화가 시작한다. 여기서 또 하나의 인구보너스가 있게 될 것인가는 고령화와 관련된 자본시장의 발전에 의존하는 것이 크다고 하는 것이 알려져 있다.

의견의 일치를 본 노력의 지속 가능성 등이 그 예이다. 조건이 충족되는 일부 드문 경우에서 커플의 최종 자녀수로 측정되는 지속 가능하면서도 무시 못 할 변화가 가능하다는 것을 볼 수 있다. 이러한 경우의 예로는 전후 프랑스, 1948~1957년의 자르 지방, 1976~1989년의 구동독, 1983년부터의 스웨덴을 들 수 있다. 출산율과 인구대체수준 간의 차이는 줄어들고, 심지어는 거의 같은 수준에 이를 수도 있다. 경제상황과 실시 중인 인구정책에 따라 가능한 출산율 증가는 여성 한 명 당 평균 0.2에서 0.5자녀 정도 달라질 수 있다. 겉으로 보기에는 별 차이가 없는 것 같지만 실제로 이러한 차이는 장기적으로 볼 때 결정적인 것으로 나타난다. 왜냐하면 쇠퇴가 확실한지 재건이 가능한지 혹은 적어도, 통제 가능한 이민정책으로 인한 보상이 있을 수 있는지 결정하는 것은 이 차이이기 때문이다.

2. 출산장려정책

흔히 이 정책은 과거 양차대전의 프랑스, 같은 시기 독일과 이탈리아 그리고 1960년대와 1970년대의 동유럽에서 낙태억제의 강제조치와 가족수당 같은 장려책을 결합하는 데 있었다. 오늘날 사회에서 이러한 이원성은 행해진 조치의 효율성에 악영향을 미치는 것 같고, 원하는 목표에 도달하지 못하게 하는 것 같다. 동유럽과 구소련 국가에서 지난 몇 십 년 동안 경험한 바를 보면 낙태권리의 전체적 혹은 부분적 제한 등 강제성을 띠는 정책은 빠른 속도로 퇴색한 다는 것을 알 수 있다. 낙태의 금지는 출산율 곡선의 갑작 스럽지만 일시적인 증가를 가져온다. 또한 현대적 피임법을 이용할 수 없으면 낙태는 산아를 제한할 수 있는 특권적 수단이 된다. 그러나 낙태가 불법이 되자 출생아 수는 증가 할 수 밖에 없다. 그러나 법의 개편으로 인한 효과는 일시 적이다. 시간이 감에 따라 제압에 대한 두려움은 약화되고, 고뇌의 압박으로 인해 비밀리에 이루어지는 전통적인 낙태 시술이 다시 성행하게 된다. 단지 장려책만이 적어도 어느 정도의 기간 동안 출산율 저하의 흐름을 바꿀 수 있다. 그 러나 이는 장려책이 충분히 강할 경우에 해당한다. 사실 능 동적이고, 일관적이며 보기에 효율적인 정책을 이끌어 온 국가는 세 국가 밖에는 없다. 즉, 1940년대와 1950년대의 프랑스, 1976년에서 1989년까지의 동독 그리고 1983년 이 후의 스웨덴이다.

1940년대와 1950년대 프랑스 - 전쟁 이후에 출산율 회복 의 활력은 인상적이었다. 1890년 이후 출산율이 인구대체 수준을 밑돌았던 데 반하여, 1946년부터 출산율은 인구대 체수준을 30%정도나 웃돌고 있었다. 그리고 무엇보다도 출 산율은 20여 년 동안 이 수준을 유지했다 이러한 급증이 적어도 상당부분 제2차 세계대전 직후 시행된 정책 때문이라고 생각하는 것은 무리가 아니다. 이러한 정책의 예로 1939년 가족법 제정, 1945년의 사회보장제도 확립 등을 들 수 있다. 전쟁 전과 후 사이에 유럽의 위계질서에서 프랑스의 위치는 사실상 역전되게 되었다. 1945년까지 프랑스의 출산율은 다른 서유럽국가에 비해 현저하게 낮았다. 그 이후 프랑스의 출산율은 현격하게 높고, 구체적으로 보면 상대적 격차가 여성 한 명당 평균 0.5 자녀 정도로 가장 현격하게 나타난 것은 전쟁 직후 가족정책이 절정에 이르렀을 때이다. 당시 가족 할당금은 사회예산의 45% 가까이 차지하였다. 당시 알프레드 소비(Alfred Sauvy)가 말했던 것을 떠올릴 필요가 있다. "가톨릭교회의 영향이 상당한 이탈리아와 스페인에서 오늘날 출산율은 프랑스보다 낮다. 가족수당은 신앙보다 효과가 없었다." 프랑스에서는 두 가지의

Note 8-2 : 알프레드 소비(Alfred Sauvy)

알프레드 소비(1898-1990)은 프랑스의 대표적인 인구학자, 경제학자, 사회학자로서, '제3세계'(tiers monde) 라는 표현을 처음으로 사용하였다. 그는 프랑스 인구학의 범위를 설정하고 다양한 연구방법을 모색하고, 적정인구(適正人口, la population optimum)이론을 제안하기도 했으며, 전후 개발도상국의 위기와 프랑스의 베이비붐을 예측하기도 하였다. 그는 세계인구의 폭증에 대하여 그리 낙관적이지는 않았지만, 프랑스의 장기적인 인구정체에 대하여, 출산장려정책을 사용할 것을 강력히 권고하기도 하였다. 그는 프랑스 국립인구문제연구소(INED: l'Institut national d'études démographiques)를 창설하여 1945-62년의 17년 동안 소장으로 활동하였고, 유엔에서는 인구위원회(Population Commission)를 창설하고, 당시에 팽배했던 맬서스주의에 대항해서 프랑스적 가치를 옹호하는데 앞장섰다..

다른 성공요인이 존재한다. 조세제도와 보육제도가 그것이다. 프랑스에서 아이들과 부모들은 보육제도, 바로 유치원을 상당히 높게 평가하고 있다.

동독: 동독은 **1970**년대 중반에 낙태 및 현대적 피임법 사용이 제한의 대상이 되지 않았던 유일한 동유럽 국가이다. 그러나 동독에서는 활발한 출산장려정책이 추진되었다. **1961**년 베를린 장벽이 설치될 때까지 동독에서 서독으로 이동하는 사람들이 상당히 많았던 것은 사실이다. 이러한 나가는 이주자들 때문에 경제활동인구에 영향을 미치게 되었고, 특히 젊은 층 인구의 감소로 말미암아 노동력의 부족은 심각한 상태에 이르렀다. 따라서 출산율 감소는 특히 상당한 영향을 미쳤다. 출산장려정책은 기본적으로 **1976**년부터 시작되었는데, 이 정책은 별로 긍정적이지 않은 상황을 제 기간에 재건하는 것을 목적으로 하고 있다.

여자 1인당 합계출산율의 차이: 동독지역과 서독지역, 1948-1989

	서독지역	동독지역	차이
1948-1954	2.09	2.14	-0.05
1955-1964	2.38	2.40	-0.02
1967-1969	2.43	2.35	+0.08
1970-1974	1.74	1.84	-0.10
1975-1976	1.45	1.59	-0.14
1977-1989	1.37	1.78	-0.41

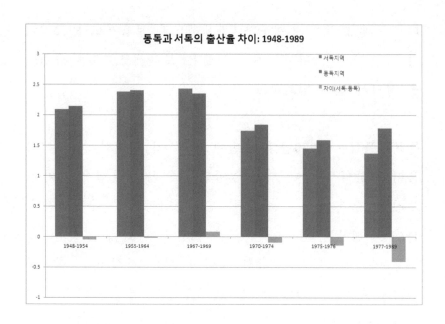

이러한 출산장려정책은 출생아 수를 높이기 위한 구체적인 정책이 전혀 시도되지 않았던 서독과의 비교가 가능하게 하므로 더욱더 흥미롭다고 할 수 있다. 동독에서 도입된 출산장려정책 이전 **20**여 년 동안 동독과 서독 사이에서 상당한 유사점을 발견할 수 있었다. 둘 다 출산율 및 출산율 추세가 거의 같았기 때문이다. 따라서 여기서는 이 분야에서는 희귀한 조건을 보고 있는 것이다. 이러한 조건은 거의 실험적인 성격의 관찰을 가능하게 한다.

동독에서 취한 조치는 젊은 부모들의 삶을 쉽게 해주는데 있었다. 둘째자녀를 출산하면, 그 아이의 첫 번째 생일에 이르기까지 유급출산휴가를 주며 휴가기간 중 대부분의 급료를 그대로 수령한다. 탁아소 네트워크를 집중적으로 활성

화한다. 그리고 젊은 부부들을 위해서 주거에 대한 가족정책을 실시하였다.

이러한 정책의 파급효과는 다음의 도표가 보여주듯이 인구학적 행태에 반영되기 시작하였다.

1975년 동서독 간에 비슷한 수준(1.5)이었던 출산율은 동독에서 증가한 반면 서독에서 거의 변화가 없었다. 1977년부터 1989년까지 두 국가 간의 출산율 격차는 여성 1인당 0.4~0.5 자녀로 유지되고 있다. 1980년대 두 국가 간의 격차가 약간 좁아지기는 했지만 (서독에서는 출산율이 오르고, 동독에서는 떨어졌음) 동독의 출산율은 더 높았다. 이러한 사실에는 주목할 만하다. 왜냐하면 동독은 서독과는 달리 외국인이 출산율에 기여하는 혜택을 받지 못했기 때문이다.

10년이 넘는 기간에 걸쳐 이러한 출산율 격차가 지속되는 것을 볼 때 법의 파급효과가 '캘린더 효과'(미루었던 출산 보충, 예상된 출산에 대한 기대)를 넘어섰다는 것을 짐작할 수 있다. 새로운 법 도입의 영향을 강하게 받은 세대에서 최종 자녀 수 격차는 0.3명에 달할 수 있을 것이다. 이는 자발적인 추세에 비해 20 정도가 높아진 수치이다. 서독의 흡수와 젊은 가족 보호조치의 소멸 이후 구동독의 출산율 급감(1992년과 1993년 여성 당 0.8명)은 대립된 추론에 의해 기존의 정책이 수행했던 출산장려 역할을 강조한다.

자르지방 독일의 역사는 한정적이기는 하지만 동시에 하나의 중요한 사례를 제공한다. 1945년부터 1956년까지 프랑스의 지배를 받았던 자르지방은 프랑스 가족정책의 수혜지역이었다. 당시 가족정책은 아주 관대하다고 할 수 있었다. 이 기간 자르는 독일 모든 지역을 통틀어서 출산율이 가장 높았다. 이 지역은 가족수당이 아직 초기단계에 불과하였던 독일에 반환되었고, 이러한 반환은 출산율의 급감으로 표출되었다. 자르는 서독을 구성하고 있던 주들 중에서, 출산율

독일의 자르지방(Saarland)

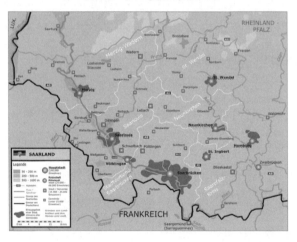

이 제1위에서 꼴찌로 떨어졌다. 관련법의 개정은 가족들에게 있어서 심각한 구매력 감소로 현실화되었다. 자르지방에서 1957년부터 1959년 사이에 두 자녀의 아버지인 숙련공은 세후(순)소득의 15%를 상실하였다.

스웨덴 스웨덴은 서구 국가들 가운데서 여성들에게 정치적 및 직업적 삶에 있어서 가장 좋은 지위를 제공하는데 성공했다. 그리고 동시에 출산율이 가장 높은 국가 중 하나가 되었다. 따라서 페미니즘과 다(多)출산주의는 결코 대립모순되는 것이 아니라, 서로 선택적 친화성이 있는 경향이 있

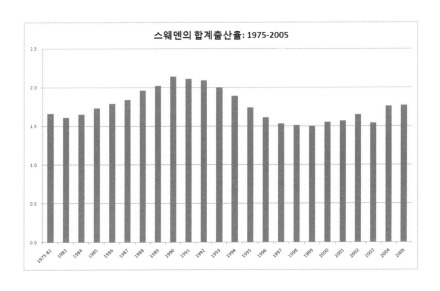

스웨덴의 합계출산율: 1975-2005

스웨덴의 합계출산율: 1975-2004

1975-82	1.66	1988	1.96	1994	1.89	2000	1.55
1983	1.61	1989	2.02	1995	1.74	2001	1.57
1984	1.65	1990	2.14	1996	1.61	2002	1.65
1985	1.73	1991	2.11	1997	1.53	2003	1.54
1986	1.79	1992	2.09	1998	1.51	2004	1.76
1987	1.84	1993	2.00	1999	1.50	2005	1.77

는 것으로 나타났다. 두 이념체계의 기반이 이질적인 것이 아니었다. 즉, 자신만의 열망을 실현하도록 개개인을 돕는 의지인 것이다. 그런데 선진국에서 거의 모든 여성들(약 90%)이 어머니이면서 직장을 가져서 재정적으로 독립적이고, 사회적으로 인정을 받고 싶어 한다. 그러한 요구사항은 남성우월주의가 없는 사회에서만 충족될 수 있다. 이러한 사회에서는 어머니와 아버지 사이 그리고 부모와 자치단체 사이에 자녀 양육이 분담이 더 잘 이루어진다. 이와는 반대로 출산을 함으로써 어머니가 시간, 돈 그리고 노력 면에서 상당히 그리고 유일하게 피해를 보는 사회에서는 자녀를 두는 빈도가 줄어든다. 이러한 예로 동부 및 남부유럽, 그리고 동북아시아의 일본을 들 수 있다.

스웨덴은 1980년대부터 2004년까지 출산율이 상당히 오른 유일한 선진국이다. 스웨덴에서는 전후 세대의 최종 자녀수는 줄어들지 않았으며 여성 한 명 당 2 자녀 정도에서 유지되고 있다. 1945년 이후 처음으로 스웨덴의 출산율은 1990년경 프랑스의 출산율보다 높아졌다. 이러한 사실이 스웨덴 당국이 추진한 아방가르드적 사회정책과 관련이 있다는 것은 설득력이 있다. 남녀 간의 조건을 평등하게 하고, 자녀양육부담에 관련된 압력을 완화하기 위해서 중요한 정책들이 시행되었다. 예를 들어, 장기교육에 대한 부모수당 (1세 이상)을 보면 봉급의 75%를 받을 수 있으며, 첫 자녀부터 혜택이 돌아간다. 가족할당금의 인상 등이다. 두 자녀를 둔 가정에 대한 가족수당 액수는 프랑스에 비해 대략 두 배이고, 수당산정의 누진성은 세 번째 자녀에서 한층 더 강화된다. 지방자치단체에 의한 운용비용이 지나치게 높지 않은 탁아소 건설 프로그램 추진 등이다. 아마도 스웨덴의 고용정책이 비교적 성공을 거둔 점을 내세워야 할 것이다. 그러나 직장생활과 가정생활의 조화를 추구하는 것이 우선 목표인 스웨덴의 가족정책의 실용주의는 분명히 1983년 이후 출산율을 증가시키는데 기여했다. 다음은 1975년 이후 합계출산율(여성 한 명당 평균 자녀 수)의 변화다.

출생아 수의 회복과 가족수당의 인상 혹은 유급출산휴가 연장이 완벽하게 일치하지는 않지만 스웨덴은 1984~1988년에 가족수당의 인상이 OECD 국가 중 월등히 가장 높았다(+24%). 이 기간 동안의 특징은 출생아 수의 반등이 일어났다는 점이다.

1992년에 시작된 예산상의 긴축재정은 경제침체, 실업의 급등(특히 젊은 층 중에서) 그리고 가족수당의 삭감으로 나타났다. 이러한 정세는 상당부분 최근의 출산율 하락을 설명해준다. 출산장려정책의 효과가 쇠퇴한 것도 또한 요인이 되었다. 아무튼 2000년 젊은 부부들에게 할당된 예산은 전체 사회예산의 1/6을 차지하는 데는 변함이 없다. 반면 출산율이 세계에서 가장 낮은 이탈리아와 스페인에서는 각각 3%와 2%이다. 2004년 이 국가들에서 여성 한 명당 평균 자녀수는 1.2였다. 가족정책이 아니고서는 이러한 모순을 어떻게 이해할 수 있을 것인가? 스웨덴에서 성평등이 정치 생활과 선거유세에서 중심 쟁점이라는 것을 덧붙여야 할 것이다.

프랑스의 경우 가족정책은 제4공화국의 인민전선 시절에 모범이 되었으나 더 이상 그렇지 않다. 이제 프랑스의 가족 정책은 재정적인 면에서 볼 때 세계 서열에서 북유럽과 심지어는 영국보다도 뒤쳐져서 중간 수준에 이르고 있다. 영국에서 출산율은 프랑스와 비교적 비슷하고, 사회주택제도의 노력으로 얻어낸 것이다. 프랑스인들이 경험한 바와 같이 프랑스에서 보육제도는 중요한 성공요인이다.

우선순위 논쟁: 이러한 사회정책은 비용이 많이 들며 마찬가지로 중요한 다른 목적과 충돌하게 된다고 이러한 정책에 반대하는 경우가 많다. 그 다른 목적이란 여성의 지위향상이다. 두 개의 주장은 용납될 수 있고, 이러한 주장은 모든 출산장려정책이 어느 정도로 과감해야 하고, 단호하게 혁신적이어야 하는지 강조한다. 그러나 이러한 정책의 비용이 인구학적 고령화로 인한 비용보다 높은지는 확실하지 않다. 결과가 선거 상으로는 거의 손에 잡히지 않으며, 오랜 기간에 걸쳐서만 결실을 맺듯이 필요한 비용을 댈 준비가 되어있는 정부는 거의 없다. 그러나 여기서 쟁점이 되는 것은 정부가 책임을 지는 공동체의 생존이다. 국민들이 상당히 균등하고, 자아의식이 강한 곳에만 인구학적 문제가

첫 번째 쟁점으로 떠오르는 것이다. 그 예로, 퀘벡, 발트해 지역 국가를 들 수 있다.

EU 국가들의 경우처럼 출산율이 대체수준보다 상당히 낮은 수준에 자리잡게 되면 출산장려정책 대신 이민이 고려대상이 될 수 있다. 실제로 경험에 의하면 이민자들은 현지인들의 인구정책을 상당히 빨리 받아들이는 경향이 있다. 따라서 인구문제를 해결하기 위하여 이민에 의존하는 것은 헛된 생각이다. 이민이 대량으로 지속적으로 이루어지고, 문화적으로 상당히 다른 사람들이 오지 않으면 (따라서 사회융합과 정치적 균형에 위험하게 된다), 이민은 전혀 인구고령화와 인구감소를 막을 수 없고, 단지 이러한 현상을 지연시키는데 기여할 뿐이다.

3. 출산장려정책과 이민정책의 결합

최근의 인구학적 변화추세를 보면 유럽과 여타 선진국에 있어서 고령화와 인구감소를 예고하고 있다. 이러한 변화는 상당 부분 1973년 시작된 경제침체의 충격과 연관되어 있다. 이러한 쇼크의 부담은 기본적으로 젊은 세대들이 감당하였다. 비록 일부에서는 출산율 증가를 강력하게 예측했지만(특히 이스털린 (Easterlin)) 이와 같은 추세는 출산율의 상승에 별로 도움을 주지 못했고, 이민의 흐름을 유지시키는데도 도움이 되지 못했다.

경제의 일시적 호전 혹은 완전고용으로의 점진적인 복귀는
신뢰의 분위기를 조성할 가능성이 있고, 따라서 인구회복에
유리한 전환기를 형성할 수 있다. 그러나 출산율이 인구대
체수준으로 반등하게 될 가능성은 거의 없다. 남부 유럽,
중부 유럽, 동부 유럽, 러시아, 동아시아 등 출산율이 상당
히 낮은 지역에는 특히 그러하다. 출산율이 복귀하는데 있
어서 방해요인이 되는 구조적 요소들이 너무나 많기 때문
이다. 시행된 정책의 중요성에도 불구하고, 예를 들어서 동
독 같은 국가는 균형을 되찾지 못했으며 헝가리에서도 같
은 결론은 유효하다. 실제로 이 국가에서 정책은 더욱 모호
했다. 따라서 어느 정도의 인구활력을 회복하는데 중요한

요소는 혁신적인 출산장려정책(즉, 여성에게 불리하지 않은 정책)과 개방적이지만 선별적인 이민정책의 결합에 기반을 두는 적절한 자원적(自願的) 정책에서 찾아야 할 것이다. 이 둘을 연결시키지 않는 것은 현실성이 없을 뿐만 아니라 일관성도 없다. 출산율을 대체수준으로 복원하는 것은 상당수 정부들이 적절하다고 간주하고 가장 일반적으로 세워놓은 정치적 목표이다. 그러나 이러한 출산력의 복원은 한층 더 가설적이 되어가고 있다. 유급 노동시장에 여성의 대량참가, 부동산 가격의 폭등, 생활방식의 다양화는 새로운 사회적 상황을 만들어냈다. 또한 지중해 남부 연안 국가 그리고 특히 아프리카로부터의 이민압력은 정해진 때에 대량이민이라는 시나리오를 불가피하게 만든다. 일관성에 대해서 말하자면 이 개념은 맬서스주의의 거부를 요구한다. 따라서 위험을 감수하며 삶, 적응, 개방 그리고 교류에 기대를 거는 것을 요구할 뿐만 아니라 이러한 선택이 내포하는 성공의 요인에도 기대를 걸게 된다. 이민자 수용은 아이의 수용과 마찬가지로 미래의 같은 혁신, 투자의 태도에 해당한다. 그러나 잠재적 이민자들과 이민자 수입국(受入國)의 사회 간의 삶의 수준, 문화 그리고 인구학적 특성의 격차는 이민정책을 상당히 민감한 사안으로 만들어 놓고 있다.

인구균형의 회복은 국민 개개인에게 자신감을 심어주고, 경제적 순환을 다시 원활하게 하며, 사회보장제도의 존속을 보장하고 노동비용을 절감하는데도 필수적이다. 이러한 균형의 회복은 저금리 유지보다는 경제재건에 더욱 확실하게 기여한다.

4. 이민정책의 성공조건

이민 수입국의 관점에서 봤을 때 이민정책의 성공은 몇가지 기본조건의 충족을 가정한다. **a)** 현지 인구가 충분한 수준의 출생아 수를 유지한다. 이는 학교가 혼합되는 장소와 문화적 매개체의 역할을 수행할 수 있게 함이다. 이 조건은 가장 중요하다. 왜냐하면 아이는 어린 나이에 동급생들과 어울려 수용국의 언어와 사용을 습득하기 때문이다. **b)** 이민자의 출신국을 다양화한다. 이는 특정 정부에 의지하는 것을 최소화하고, 때로는 적대적이며, 문화적응을 전면 거부하는 특정 소수민족이 지나치게 몰리는 것을 막기 위함이다. **c)** 영토 내에서 외국인 인구의 지리학적 분산을 최소화한다. **d)** 학업적 장치를 이들에 맞게 조절하기 위해 각별한 노력을 기울인다. 그 예로, 문화적 혼합, 전문 교사 양성, 외국어 및 외국 문화 습득 등을 들 수 있다. 또한 미디어 장치에의 적응도 필요하다. 또한 미디어 장치도 조절할 필요가 있다. 예를 들어, 인종차별주의 퇴치, 정보 그리고 더 일반적으로 말해서 여론정책 등이다. 그런데 이러한 조건은 드물게만 충족된다. 대부분의 경우 이주는 조직적이지 않으며, 단기적 경제적 이익의 영향을 받는다. 유럽 인구의 필수적 요소가 되었다고 알려진 이민은 장기적 숙고에 따라 준비되고, 조정되어야 할 것이다. 따라서 쿼터제가 중요하게 되는 것이다.

이 문제는 정치적으로 매우 민감한 사안이다. 왜냐하면 이 문제는 주권의 권한 자체의 중심부를 건드리기 때문이다. 그 예로 출입국과 국적취득을 들 수 있다. EU는 난민 문제에 대해서 합의된 정책이 없으며, 더 일반적으로 말해서, 외국이민문제에 대한 합의된 정책이 없다. 1993년 이래 유럽연합은 외부 국경만은 보존하고 있을 뿐이다. 따라서 유럽의 단일공간의 형성은 새로운 문제점을 야기할 것이며, 동시에 회원국 사이뿐만 아니라 출신국과 자유로운 인적교류를 하는 것에 대한 문제에 대해 반대할 위험을 일으킨다. 북부지역과 서부지역 간의 국제회담에서 지중해의 두 연안지방 사이의 이민에 대한 전망에 대해 침묵을 유지하자는 의견 일치가 나온 것은 이러한 이유이며, 이는 설득력이 있다.

결 론

1960년대부터 시작된 경제적 불평등의 구조적 심화 그리고 최근에 있었던 동유럽과 서유럽 사이의 정치적 장벽의 붕괴는 동에서 서로의 유럽 내에서의 이민을 가능하게 하고 있다. 이러한 이민이 독일을 제외하고는 미미할 것이라고 생각할 수 있다. 독일의 경우 구소련과 구유고 연방을 떠나는 경우와 마지막 독일의 분산된 민족 집단이 다시 하나로 합치는 경우를 예로 들 수 있다. 반면 그 외 다른 것은 지중해의 양쪽에서 존재하는 불균형이다. 이러한 불균형은 인류 역사상 존재한 불균형 중 가장 깊은 것이다. EU 중심부 북부지방에서 출산율은 여성 1인당 1.4명이다. 남부지역인 사하라이남 아프리카에서 출산율은 이보다 4배나 더 높다. 따라서 지중해 양쪽에서 세계에서 출산율이 가장 저조한 지역과 출산율이 가장 높은 지역이 만나는 것이다. 또한 인접지역 사이에 존재하는 삶의 격차 또한 가장 크다. 결국, 정치적 불균형 또한 다른 것에 비할 바가 없이 세계적 수준이다. 그 예로, 북부지역의 민주주의와 남부지역의 권위주의적 체제 및 불안정한 제도를 들 수 있다. 이와 마찬가지로, 아시아에는 불행에 시달리는 사람들이 엄청나게 많다.

따라서 한편으로는 심각한 저출산 현상의 지속은 가까운 미래에 상당한 인구감소가 있을 것이라는 것을 예고하고 있다. 따라서 저출산 현상은 제도 그리고 해당 사회의 문화적 유산의 존속에 위협이 되고 있다. 이런 면에서 볼 때, 유럽 국가는 운명의 공동체를 가지고 있고, 이 공동체의 근시안적 사고 내에서 사회적이라고 불리는 '유럽'의 건설이 기업들의 유럽 지사에 지나지 않으며 동시에 유일한 주요 사안인 존속의 문제를 단념한다는 것이 유감스럽다. 다른 면에서 보면 성인 인구는 빠르고 심지어는 최대 규모의 성장단계를 거치고 있으며, 이러한 인구학적 역동성이 내부적으로 상당한 정치적 긴장을 유발하지는 않을지 두렵게 된다. 지중해 연안지역에서는 앞으로 올 몇 십 년 동안 지난 몇 세기에 비해 정치적, 경제적, 문화적 격변이 더욱 많을 것이다. 이민 수용은 불가피하다. 잘만 인도된다면 이민은 국제적 긴장을 완화시킬 가능성이 있다. 그러나 국내 정책의 압력 및 변동, 국가들 간의 정책 및 이해관계의 차이 혹은 분쟁, 관료주의적인 행태 및 절차는 새롭고, 광범위하고, 풍부한 활력을 가지고 진행되는 정책 수립에 도움이 되는 성향은 아니다.

요점은 **인구학이 무미건조한 회계학 분야의 학문이 아니라는 것이다. 인구학은 '살아있는 주제'**(matière vivante)**로서 중요한 현실 및 일상적인 체험의 중심부에 위치한다. 즉,**

인간의 삶, 사랑 그리고 죽음, 문명의 확장과 쇠퇴, 민족 간의 친화 및 갈등 등이다. 숫자의 언어 이면(裏面)에서 인구학은 인류의 위대한 모험을 이야기하고 있다.

참고문헌

연구자료

Burguière A. et al., Histoire de la famille (가족의 역사), 2 vol., Paris, A. Colin, 1986.

Chasteland J.-L et Chenais J.-L. (dir.), La population du monde, Géants démographiques et enjeux internationaux (세계 인구, 인구대국과 국제적 쟁점), Cahier INED-PUF 149호, Paris 2002.

Chenais J.-C., La transition démographique: étapes, formes, implications économiques (인구변천: 단계, 형태, 경제적 함의), Paris, Cahier INED-PUF, 1986.

Chesnais J.-C., La revanche du Tiers Monde (제3세계의 복수), Paris, Laffont, 1987.

Chesnais J-C., Le crépuscule de l'Occident (서구의 황혼), Paris, Laffont, 1995.

Dupâquier J. et M., Histoire de la démographie (인구학의 역사), Paris, Perrin, 1985.

Dupâquier J. et al., Histoire de la population française (프랑스 인구의 역사), 4 vol., Paris, PUF, 1988.

Frejka T. et Sardon J.-P., Childbearing Trends and Prospect in Low-Fertility Countries (저출산 국가의 출산력 추이와 전망), Kluwer, Londres, 2004.

Henry L., Démographie, Analyse et modèles (인구학: 분석과 모형), Paris, Larousse, 1972.

McEvedy C. et Jones R., Atlas of World Population History (세계 인구사의 도해), Londres, Penguin Books, 1978.

Keyfitz N., Applied Mathematical Demography (응용 수리 인구학), 2e éd., New York, Springer Verlag, 1985.

Landry A., La révolution démographique (인구혁명), Paris, Sirey, 1934.

Lotka A., Théorie analytique des associations biologiques (생물학적 집단의 분석이론), 2epartie, Paris, Hermann, 1939.

Lutz W. et al., The End of World Population Growth in the 21st Century (21세기 세계인구 성장의 종말), Londres, Earthscan, 2004.

Pressat R., L'analyse démographique (인구분석), 4e éd., Paris PUF, 1983.

Sauvy Al., Théorie générale de la population (인구의 일반이론), Paris, PUF, 2 vol., 1966.

Sauvy A., Éléments de démographie (인구학의 요소),

Paris, PUF, 1976.

Shryock H. S. et Siegel S., The Methods and Materials of Demography (인구학 방법과 자료)(Bureau of Census, 2 vol., 1971.

Tapinos G., Éléments de démographie (인구학의 요소), Paris, A. Colin, 1983.

Vallin J., La population mondiale (세계의 인구), Paris, La Découverte, 1993.

통계자료

Institut national d'études démographiques (INED: 프랑스 국립인구문제연구소), revue Population Cahiers de Tarvaux et Documents (인구: 연구 및 문서집 (정기간행물)).

Institut national de la statistique et des études économiques (INSEE: 프랑스 국립통계경제연구소), Les Collections de l'INSEE, série D (Démographie) (INSEE 전집, 시리즈 D (인구학).

Nations Unies (유엔), Annuaire démograhpique; New York World Population Prospects (뉴욕, 인구학 연보, 세계인구전망), 2002, New York, 2003.

Union internationale pour l'étude scientifique de la

population (UIESP) (국제인구학회), Congrès internationaux de la Population (Berlin, 1935... ; Pékin, 1997 ; Paris, 2005) (국제인구회의 (베를린 (1935.), 베이징 (1997), 파리 (2005)).

World Bank(세계은행), World Population Projections 1994-1995 (세계인구전망 (1994-1995)), Washington, 1994.

인구학 입문(LA DEMOGRAPHIE)

초판 1쇄 발행 2008년 5월 9일
2판 1쇄 발행 2017년 3월 8일

지은이 장 클로드 세네
옮긴이 박은태, 전광희
펴낸이 박은태
펴낸곳 도서출판 (주)경연사

등록 제 17-295호
주소 경기도 파주시 광인사길 127 파주출판도시 (주)경연사
전화 031-955-7654
팩스 031-955-7655
홈페이지 www.genyunsa.com
이메일 kipp0175@hanmail.net

값 11,000원